Die deutschen Städte und Bürger im Mittelalter

Aus Natur und Geisteswelt

Sammlung wissenschaftlich-gemeinverständlicher Darstellungen

Die deutschen Städte und Bürger im Mittelalter

Von

Professor Dr. B. Heil

Zweite, verbesserte Auflage

Mit zahlreichen Abbildungen im Text und auf einer Doppeltafel

Druck und Verlag von B. G. Teubner in Leipzig 1906

Mit freundlicher Genehmigung des Verlages nachgedruckt:
B. Heil, Die deutschen Städte und Bürger im Mittelalter
2., verbesserte Auflage

Umschlaggestaltung: Werbeagentur Eisele & Bulach, Augsburg
Umschlagmotiv: Mittelalterliches Leben in der Stadt und auf dem Lande,
italienische Miniatur, 15. Jh.
(Bildarchiv Preußischer Kulturbesitz, Berlin)
Gesamtherstellung: Wiener Verlag, Himberg bei Wien
Printed in Austria
ISBN 3-8289-0310-X

Vorwort.

Die Vorbereitung der zweiten Ausgabe dieses Büchleins bot mir die erwünschte Gelegenheit, durch mancherlei Zusätze und Berichtigungen auf Grund der neueren Literatur seinen Text zu verbessern. Besonderes Gewicht lege ich auf die Einfügung eines knappen Literaturverzeichnisses und hoffe durch sie manchen Wünschen, die mir aus Leserkreisen entgegengetreten sind, ausreichend zu entsprechen. Möge die aus volkstümlichen Vorträgen erwachsene Schrift auch fernerhin an ihrem bescheidenen Teil dazu beitragen, das Interesse für die rühmliche Vergangenheit unseres deutschen Bürgertums, aus der ja auch dessen Gegenwart erst ganz verständlich wird, immer weiter zu verbreiten und immer mehr zu vertiefen!

Cassel, den 4. September 1906.

B. Heil.

Inhaltsverzeichnis.

Literatur.

Die wichtigsten Werke und Abhandlungen, die auf unseren Gegenstand Bezug haben, sind folgende:

von Below, Das ältere deutsche Städtewesen und Bürgertum. Leipzig 1898.

Boos, Geschichte der rheinischen Städtekultur. 2. Aufl. Berlin 1897.

Bücher, Die Frauenfrage im Mittelalter. Tübingen 1882.

Derselbe, Die Bevölkerung von Frankfurt a. M. im 14. und 15. Jahrhundert. Tübingen 1886.

Derselbe, Die Entstehung der Volkswirtschaft. 3. Aufl. Tübingen 1901.

Fritz, Deutsche Stadtanlagen. Programm des Lyzeums in Straßburg, 1894.

Freytag, Bilder aus der deutschen Vergangenheit. II, 1. 24. Aufl. Leipzig 1901.

Hegel, Städte und Gilden der germanischen Völker im Mittelalter. II. Leipzig 1891.

Derselbe, Die Entstehung des deutschen Städtewesens. Leipzig 1898.

Heldmann, Die Rolandsbilder Deutschlands. Halle 1904.

Heyne, Fünf Bücher deutscher Hausaltertümer I—III. Leipzig 1899—1903.

Hoffmann, Geschichte der freien und Hansastadt Lübeck. Lübeck 1889.

von Inama-Sternegg, Deutsche Wirtschaftsgeschichte. II u. III. Leipzig 1891—1901.

Kriegk, Deutsches Bürgertum im Mittelalter. Frankfurt 1868. Neue Folge 1871.

Lau, Die kommunale Verwaltung und Verfassung der Stadt Köln bis zum Jahre 1396. Bonn 1903.

von Maurer, Geschichte der Städteverfassung in Deutschland. 4 Bde. Erlangen 1869—71.

Lamprecht, Deutsche Geschichte. III und IV. 2. Aufl. Berlin 1894 und 1895.

Rietschel, Markt und Stadt in ihrem rechtlichen Verhältnis. Leipzig 1897.

Schröder, Lehrbuch der deutschen Rechtsgeschichte. 4. Aufl. Leipzig 1902.

Schultz, Deutsches Leben im 14. u. 15. Jahrhundert. Leipzig 1892.

Derselbe, Das häusliche Leben der europäischen Kulturvölker vom Mittelalter bis zur 2. Hälfte des 18. Jahrhunderts. Berlin 1903.

Steinhausen, Geschichte der deutschen Kultur. Leipzig 1904.

Wendt, Die Germanisierung der Länder östlich der Elbe. Zwei Teile. Programm der Ritterakademie in Liegnitz 1884 und 1889.

Verzeichnis der Abbildungen.

I.

Die Anfänge des Bürgertums in Süd- und Westdeutschland.

1. Die späte Entstehung deutscher Städte.

Schon während der ersten Jahrhunderte unserer Zeitrechnung, als Rhein und Donau die Grenzen des römischen Weltreichs gegen das freie Germanien hin bildeten, standen im Westen und Süden dieser Ströme auf einem Boden, der heute zum Deutschen Reiche gehört, eine Anzahl blühender Städte. Sie hatten sich zum größten Teile allmählich im Anschluß an römische Kastelle entwickelt und bargen in ihren Mauern eine Bevölkerung mannigfacher Herkunft; denn neben Römern, Kelten und Germanen waren in ihnen auch Angehörige mancher anderen von Rom beherrschten Völker vertreten. Doch alle umschlang als einigendes Band der gemeinsame Gebrauch der vulgärlateinischen Sprache und der gemeinsame Genuß vieler nach römischem Muster geschaffener Einrichtungen. An Größe freilich standen diese Römerstädte des Donau- und Rheinlandes, wie Augsburg, Regensburg, Passau, Straßburg, Speyer, Worms, Mainz, Koblenz und Köln, hinter den gleichnamigen Orten des Mittelalters oder gar der Neuzeit erheblich zurück, doch als Träger und Verbreiter der griechisch-römischen Weltkultur und namentlich als Mittelpunkte des Grenzverkehrs besaßen sie trotzdem für die umliegenden Gebiete eine große Bedeutung. Und eine von ihnen, Trier, das eine Zeitlang römischen Kaisern als Residenzstadt diente, erreichte auch äußerlich einen gewaltigen Umfang, welcher den der heutigen Stadt um das Doppelte übertraf. Die Pracht seiner mächtigen Bauten, des Kaiserpalastes und Amphitheaters, der Bäder, Säulenhallen, Brücken und Tore, erregte die Bewunderung der Zeitgenossen und läßt sich noch jetzt beim Anblick der wenigen Trümmer lebhaft nachempfinden. Nächst Trier sind wegen ihrer Ausdehnung und Bedeutung vor allem Köln, Mainz und Augsburg zu nennen; das letztere war als Handelsstadt überaus wichtig für den Verkehr zwischen Germanien und Italien.

Nun sollte man meinen — und man hat es auch früher allgemein angenommen —, daß die Städte, die heutzutage jene Namen tragen, in fortlaufender Linie und ungestörter Entwicklung

Porta nigra in Trier.

von ihren römischen Vorgängerinnen abstammten. Aber dies ist keineswegs der Fall, vielmehr sind sämtliche oben genannten Orte, nachdem sie schon im Laufe des 4. Jahrhunderts mehr und mehr zurückgegangen waren, in den wilden Zeiten der Völkerwanderung vor dem Ansturm der Germanen in Trümmer gesunken. Ihre Einwohner wurden größtenteils erschlagen oder vertrieben und ihre Befestigungen zerstört, so daß mitunter kaum noch die Grundmauern übrig blieben. Ihre Verfassung vollends ging gänzlich zugrunde. Der spärliche Rest der früheren Bevölkerung, der etwa noch auf den Trümmern zurückblieb, führte fortan, untermischt mit Germanen, die sich neben ihm ansiedelten und in deren Volkstum das seinige allmählich aufging, lange Jahrhunderte hindurch ein wesentlich ländliches Dasein. Während der ganzen fränkischen Zeit, da die Merowinger und Karolinger über Deutschland geboten, trieben dessen Bewohner nahezu ausschließlich Ackerbau, Viehzucht, Wein- und Gartenbau; Gewerbe dagegen und Handel, die speziell städtischen Beschäftigungen, besaßen damals eine sehr geringe Bedeutung. So blieb es im ganzen auch noch unter den sächsischen Kaisern, etwa bis zum Ausgang des 10. Jahrhunderts. Da auf einmal sehen wir in Deutschland wieder eigentliche Städte erstehen, und zwar nicht mehr bloß, wie ein Jahrtausend zuvor, im Süden und Westen des Reiches, sondern nun auch in dem Gebiet zwischen Rhein und Elbe, ja bald bis zur Oder und Weichsel. Wie ein dichtmaschiges Netz legen sie sich in relativ kurzer Zeit, vom 11. bis zum 14. Jahrhundert, über alle deutschen Landschaften, und um das Jahr 1400 ist ihre Zahl ungefähr ebenso groß wie heute; denn die Menge der seitdem neu hinzugekommenen wird durch die der wieder verschwundenen nahezu ausgeglichen. Etwa 2500 Städte sind binnen 400 Jahren ins Leben getreten, am dichtesten verteilt im Südwesten, am spärlichsten im Nordosten. Das Großherzogtum Hessen und die Provinz Ostpreußen bilden gegenwärtig, wenn wir vom Königreich Sachsen absehen, die äußersten Gegensätze, da dort auf je 118, hier dagegen auf je 552 Quadratkilometer eine Stadt entfällt.

Angesichts dieses fast plötzlichen Wiederauftauchens von Städten in Deutschland drängt sich uns die Frage auf die Lippen: Wie ist dieser merkwürdige Vorgang zu erklären? Welche Umstände haben es bewirkt, daß während der ersten sechs Jahrhunderte nach der Völkerwanderung sich nirgends in Deutschland städtische Gemeinwesen ausbildeten, vielmehr da, wo sie schon existierten, wieder verschwanden, daß sie aber dann, anscheinend ganz unvermittelt, in so großer Menge ans Licht traten?

Um eine befriedigende Antwort auf diese Frage zu gewinnen, müssen wir etwas weiter ausgreifen und zunächst untersuchen, von welchen Voraussetzungen die Entfaltung eines reicheren Städtewesens abhängig ist und inwiefern diese Voraussetzungen gegen das Ende des 1. Jahrtausends n. Chr. in Deutschland erfüllt waren.

2. Die deutsche Landwirtschaft bis zum 12. Jahrhundert.

Städte, die wirklich diesen Namen verdienen und nicht bloß Marktorte mit vorwiegend ackerbautreibender Bevölkerung sind, können sich naturgemäß erst dann entwickeln, wenn der landwirtschaftliche Ausbau des betreffenden Gebietes zu einem gewissen Abschluß gekommen ist. Denn solange ein Volk noch nicht Herr seines Grund und Bodens geworden ist, solange es, um überhaupt existieren zu können, sich gezwungen sieht, den für die Gewinnung von Bodenfrüchten geeigneten Raum, der ursprünglich fast allen Völkern bei ihrem Übergang von der Viehzucht zur Ackerwirtschaft in unzureichendem Umfang oder unzureichender Güte zur Verfügung steht, planmäßig zu erweitern und zu verbessern, und solange es zu diesem Zweck Flüsse regulieren, Sümpfe entwässern und Urwälder lichten muß, so lange hat es weder Kraft noch Neigung, nebenher auch noch die rein städtischen Erwerbszweige des Handels und des Gewerbes zu pflegen. Ihnen schafft erst eine voll entwickelte Landwirtschaft Raum, eine Landwirtschaft, die Überschüsse erzielt, die mehr Getreide, mehr Fleisch, mehr Wolle usw. produziert, als sie selbst benötigt, und die infolgedessen gegen die eigenen Produkte Erzeugnisse fremden Gewerbfleißes oder fremde Handelsartikel einzutauschen vermag. So weit war aber die deutsche Landwirtschaft in den ersten neun Jahrhunderten unserer Geschichte noch nicht gekommen. Noch am Schluß der Karolingerzeit war ein großer Teil Deutschlands von gewaltigen Urwäldern bedeckt und die Technik des Ackerbaues bei den Deutschen sehr unvollkommen entwickelt. Da griff das Institut der sog. Grundherrschaft ein und gab diesen Verhältnissen während der nächsten drei Jahrhunderte eine völlig veränderte Gestalt. Die Grundherren, d. h. die Besitzer ausgedehnten Grundeigentums, waren schon in der fränkischen Zeit aus der großen Masse der Gemeinfreien herausgetreten und hatten eine höhere soziale Schicht zu bilden begonnen, die sich bald auch in politischer Hinsicht über jene erhob. Sie verdankten ihren reichen Landbesitz teils freigebigen Schenkungen und Vermächtnissen aus dem Königsgut und aus dem Vermögen von Privatleuten — so die geistlichen Grundherrschaften, Bistümer, Stifter und Klöster —, teils aber königlichen Verleihungen oder dem Erwerb durch Erbgang, Rodung und Kauf — so die weltlichen Grundherren, wozu die Männer des königlichen Gefolges gehörten, namentlich aber Würdenträger und höhere Beamte, eine Gesellschaftsklasse, mit der die Reste des alten Geburtsadels allmählich zu einem neuen Stande verschmolzen. Diese geistlichen und weltlichen Großen zogen schon früh die kleineren Gemeinfreien in den

Bannkreis ihrer Macht. Innerhalb der altüberkommenen Markgenossenschaften gewannen sie einen fortwährend wachsenden Einfluß auf ihre minder begüterten Genossen und machten sie allmählich auf die eine oder andere Weise, indem sie die Lasten des Heeresdienstes und der Gerichtsfolge für sie übernahmen oder sie mit Land ausstatteten u. dgl., in großer Zahl von sich abhängig. Während sich auf solche Weise der Kreis ihrer Schutzleute und Zinspflichtigen, die vordem ganz freie Leute gewesen waren, immer weiter ausdehnte, vermehrten sie gleichzeitig fortwährend die Menge ihrer Hörigen und Unfreien. Der ehemals freie Mann nahm gern die wirtschaftlichen Opfer und die persönlichen Dienste, die der Grundherr von ihm forderte, auf sich; denn was er hierdurch an Unabhängigkeit einbüßte, gewann er doppelt wieder durch die Befreiung vom Heer- und Gerichtsdienst, durch die Sicherung seiner Existenz und durch die mannigfachen sonstigen Vorteile, die ihm die Eingliederung in einen größeren wirtschaftlichen Organismus verbürgte. Die beständig zunehmende ökonomische und soziale Macht der Grundherren war nun den Aufgaben, welche die gesteigerte wirtschaftliche Kultur stellte, viel eher gewachsen als der einzelne Gemeinfreie, und so sehen wir sie denn auch seit dem 9. Jahrhundert rüstig am Werk, mit ihren reichen Mitteln bisher unbebaute Teile der gemeinen Mark urbar zu machen, große Rodungen in den Wäldern vorzunehmen, Spezialkulturen, wie den Anbau des Weines, des Hopfens, der Gespinst-, Öl- und Farbpflanzen, einzuführen u. dgl. m.

Alle Fortschritte der Landwirtschaft wurden damals durch die Einsicht und Tatkraft der Großgrundherren herbeigeführt. Ihnen ist es auch zu verdanken, daß der Bergbau auf Edelmetalle in Sachsen und am Harz seil dem 10., in den Alpen seit dem 11. Jahrhundert sehr in Aufnahme kam und daß gleichfalls seit dem 10. Jahrhundert die deutschen Salinen, deren Ausbeutung ja schon seit der Römerzeit keine Unterbrechung erlitten hatte, eine starke Vermehrung und Erweiterung ihres Betriebes erfuhren. Die Organisation der Grundherrschaften wurde immer vollkommener; sie schufen innerhalb des Kreises ihrer Angehörigen eine besondere Beamtenschaft für den öffentlichen Dienst, für die Pflege der grundherrlichen Finanzen und für die Leitung des großen Wirtschaftsbetriebes. In letzterer Beziehung gewannen eine besondere Bedeutung die sog. Meier, d. h. die

Verwalter der Fronhöfe, denen die einzelnen Teile des großen Landkomplexes der Grundherrschaft unterstellt waren. Sie und die anderen grundherrlichen Beamten bildeten allmählich einen besonderen Stand von Dienstmannen oder Ministerialen, die über die große Masse der hofhörigen Leute in Hinsicht auf Ansehen, Einkommen und Rechtsstellung emporgehoben wurden und sich schließlich zu einem besonderen Beamten- und Ritteradel umwandelten. Natürlich hatte die Verbesserung des landwirtschaftlichen Betriebs, die von der Grundherrschaft ausging, auch eine entsprechende Erhöhung der Erträge und eine bedeutende Steigerung des Bodenwerts zur Folge, dies umsomehr, weil gleichzeitig Deutschlands Bevölkerung schnell anwuchs; in besonders entwickelten Gegenden scheint der Preis des Grund und Bodens vom 9. bis zum 12. Jahrhundert um das Zwölffache gestiegen zu sein.

Hieraus zogen sowohl die Grundherren selbst als auch ihre Grundholden — so nennt man wohl, abgesehen von den Ministerialen, mit einem Wort die von den Grundherren in der mannigfachsten Abstufung persönlich oder wirtschaftlich abhängigen Hintersassen — großen Nutzen. Denn die Abgaben und Dienste der Grundholden stiegen vielfach nicht in gleichem Verhältnis wie der Wert des von ihnen bewirtschafteten Landes, und so gestaltete sich ihre wirtschaftliche Lage freier und sorgenloser, während freilich in sozialer und rechtlicher Beziehung ihre Stellung keine wesentliche Änderung erfuhr. Nur vereinzelt kam es dahin, daß die Grundherren in ihrem eigenen Interesse an die Stelle früherer Grundhörigkeit eine freie Zeit- oder Erbpacht treten ließen (vergl. S. 8), eine Form der Landleihe, die zwar schon seit der fränkischen Zeit immer neben den anderen Formen bestanden hatte, nun aber in einigen Gegenden häufiger als bisher in Anwendung gebracht wurde.

Wie sehr die eben geschilderte Entwicklung der deutschen Landwirtschaft zur Förderung des gleichzeitig aufkeimenden Städtewesens beitragen mußte, liegt auf der Hand. Der mächtig vorschreitende Ausbau des Landes vermehrte anfangs nur den Wohlstand und damit die Kaufkraft und Bedürfnisse der Grundherren; aber bald schlossen sich ihnen in dieser Hinsicht auch die Ministerialen an und endlich der ganze große Kreis der Grundholden. Sodann wurden, je mehr die wirtschaftliche Ausnutzung des früher brach liegenden Landes fortschritt und einem gewissen

Abschluß entgegenging, desto mehr Arbeitskräfte frei für die Pflege des Handwerks und der Kaufmannschaft. Dazu kam, daß der trefflich geordnete Transport- und Nachrichtendienst der Grundherrschaften an und für sich schon auf diese Erwerbszweige belebend einwirken mußte, noch mehr aber die verhältnismäßige Sicherheit, die der von den Königen und Grundherren begonnene Burgenbau dem Handel in Aussicht stellte. Die mit der Grundherrschaft im Zusammenhang stehende Ausbildung der Ritterheere, die so mancherlei Gewerbeprodukte, besonders Leder- und Metallwaren, brauchten, wirkte in gleicher Richtung. Die milde Art der Abhängigkeit endlich, in der die Grundholden zu ihrem Herrn vielfach standen, legte ihrer Übersiedlung in Orte mit lebhaftem Verkehr, wo manche von ihnen, zumal jüngere Bauernsöhne, hoffen durften, leichter als auf dem Lande ihren Unterhalt erwerben zu können, keine allzugroßen Schwierigkeiten in den Weg. Als nun gar seit dem 12. Jahrhundert vielfach aus den Grundholden freie Zeit- und Erbpächter wurden, da war der Einwanderung des Landvolkes in die aufblühenden Städte erst recht freie Bahn gebrochen.

3. Das deutsche Handwerk im frühen Mittelalter.

In der deutschen Urzeit, etwa bis zum 7. Jahrhundert, finden sich nur schwache Ansätze zur Ausbildung eines selbständigen Gewerbes. Landwirtschaftliche Tätigkeit füllte fast ganz allein das Dasein der Menschen aus, und die Bedürfnisse, die sich vielleicht auf gewerblichem Gebiet geltend machten, wurden im wesentlichen nebenher durch die Mitglieder der einzelnen Hausgemeinschaften befriedigt. Die Männer waren gelegentlich als Zimmerleute, Wagner, Schmiede, Töpfer usw. tätig, und die Frauen sorgten für die Herstellung der Gewandung, des Schmucks, der Speisen und vieler anderer Dinge, die später von besonderen Gewerbetreibenden verfertigt wurden. Nur ganz langsam gewann, entsprechend der fortschreitenden Kultur und den wachsenden Ansprüchen an die Schönheit und Bequemlichkeit der Lebensgestaltung, die gewerbliche Arbeit größere Selbständigkeit. Manche Leute gingen, entweder unter dem Zwang der Not oder infolge einer angeborenen Neigung und Begabung, dazu über, neben dem Ackerbau und der Viehzucht noch irgend ein Gewerbe zu betreiben und die Geschicklichkeit, die sie sich darin aneigneten, nicht nur für den eigenen Haushalt, sondern auch im Interesse anderer zu verwerten. In besonderem Umfang wird dies schon früh in dem ehemals römischen Lande am Rhein und an der Donau geschehen sein, wo sich trotz aller Umwälzungen, die die Völkerwanderung herbeiführte, doch stets eine gewisse Tradition in Kunst und Handwerk lebendig erhalten hatte. Schließlich aber begegnen uns nicht nur hier, sondern überall in Deutschland auch wirkliche Handwerker d. h. Leute, die ihre Existenz ausschließlich oder vorwiegend auf den Gewerbebetrieb gründeten. Ihrem Stande nach zählten sie teils zu den Freien, teils zu den Unfreien; die Meinung, daß alle Handwerker ursprünglich unfrei gewesen, ist nicht zu halten. Bald nach seiner Loslösung von der Landwirtschaft griff im Handwerk auch eine fortschreitende Arbeitsteilung Platz. Das Schmiedehandwerk z. B. spaltete sich allmählich in die verschiedenen Berufe des Eisen-, Gold-, Silberschmieds usw. Schon zur Zeit Karls des Großen finden wir in Deutschland eine große Anzahl von Handwerken urkundlich bezeugt. Die ältesten von ihnen waren die Schmiederei, Weberei und Töpferei; neben ihnen aber gewann auch die Verfertigung von Sätteln, Schilden und Holzgefäßen frühzeitig eine besondere Bedeutung. Dazu trat dann später das Gewerbe der Zimmerleute, Schreiner, Schneider, Metzger, Bäcker, Bierbrauer u. a. m. Die grundhörigen Handwerker arbeiteten nicht sämtlich bloß für ihren Grundherrn, sondern auch für andere Hörige, für freie Bauern und für Pfarrgeistliche. Viele der kleineren Grundherren hatten überhaupt sehr wenige oder gar keine eigenen Handwerker, und wohl nur die ganz großen Grundherrschaften waren imstande, ihren Bedarf an gewerblichen Waren annähernd vollständig aus eigener Produktion zu decken. Doch manche Gegenstände, z. B. bessere Tuche, mußten auch sie aus der Fremde beziehen. Andererseits ließen sie in der älteren Zeit, von der hier die Rede ist, ihre Handwerker noch nicht für den Marktverkehr arbeiten; dies geschah erst etwa seit dem Ende des 12. Jahrhunderts. Die unfreien Handwerker wurden an manchen größeren Herrenhöfen, wo sie besonders zahlreich beisammen saßen, schon berufsweise in Innungen organisiert, an deren Spitze besondere Meister traten; von den gleichartigen Verbänden der freien Handwerker wird später noch zu sprechen sein. Um die Förderung des deutschen Handwerks machten sich anfangs die Könige sehr verdient, wie Karl der Große, der auf seinen Pfalzen wahre Musterwirtschaften einrichtete, die auch für den Gewerbebetrieb in vielen Beziehungen vorbildlich wurden, demnächst auch die geistlichen Grundherrschaften, speziell die klösterlichen. Die ältesten Mönche waren vielfach Ausländer und brachten manche Errungenschaften der spätrömischen Kultur nach Deutschland, die dem aufblühenden Handwerk, z. B. dem Baugewerbe, der Drechslerei und der Bearbeitung der Edelmetalle, zugute kamen.

4. Der deutsche Handel bis zum Ausgang des 12. Jahrhunderts.

Der älteste Handelsverkehr auf deutschem Boden, von dem wir geschichtliche Kunde besitzen, bewegte sich zwischen den alten Germanen und den Römern. Er wurde in der Hauptsache an den Grenzen unterhalten, und seine wichtigsten Gegenstände waren auf deutscher Seite Sklaven, Pferde, Rinder, Federn, Seife und einige Bodenprodukte (Rüben, Rettige), auf römischer dagegen Wein, Gewänder und Luxuswaren, mitunter auch Eisen. Seit der Völkerwanderung wurden jedoch diese Handelsbeziehungen abgebrochen und Deutschland nach außen hin für mehrere Jahrhunderte wirtschaftlich nahezu isoliert. Selten nur besuchten deutsche Händler die Märkte von Paris, St. Denis, London und Schleswig, und auch der innere Verkehr hatte nur einen beschränkten Umfang. Alemannische Rinder, sächsische und thüringische Pferde, friesische Gewebe und bayrisches Getreide und Salz bildeten die wichtigsten Warengattungen. Einige alte Bischofssitze, wie Straßburg, Worms, Mainz, Köln und Regensburg, dazu noch Salzburg und Lorch, sowie manche Kreuzungspunkte alter Straßenzüge waren die einzigen nennenswerten Handelsplätze. Als Verkehrswege dienten die natürlichen Wasserstraßen der großen Ströme und daneben noch bis ins 13. Jahrhundert hinein die vortrefflich gebauten alten Römerstraßen.

Erst durch die karolingische Wirtschaftspolitik kam wieder Leben in den deutschen Handel. Da wurde ihm durch die Bemühungen der Könige, namentlich Karls des Großen, um die Verbesserung und Sicherung der Wege, die Einschränkung der Zollstätten, die Ordnung des Münzwesens und die Anknüpfung weitreichender Handelsverbindungen mit England, Italien und dem Orient eine kräftige Anregung gegeben. Außerdem förderten ihn die Großgrundherrschaften durch die Konzentration ihrer Erzeugnisse auf den Haupthöfen, die Ausbildung eines regelmäßigen Verkehrsdienstes und die Entwicklung eines lebhaften Güteraustausches. Aber noch im 9. Jahrhundert war der deutsche Handel wesentlich Passivhandel und wurde größtenteils von Ausländern betrieben, im Süden von Lombarden, im Norden von Juden. Selbst Urkunden der sächsischen Kaiser, die für Magdeburg und Merseburg ausgestellt sind, nennen noch unter den Kaufleuten zuvörderst die Juden („die Juden und die übrigen Kaufleute"), und wie wenig damals noch der Geldverkehr entwickelt war, geht schon daraus hervor, daß die karolingische Gesetzgebung wiederholt die Untertanen mit Strafe bedrohen mußte, die sich weigerten, vollwichtige kaiserliche Münzen als Zahlungsmittel anzunehmen. Im Rechtsleben wurden nicht einmal die einfachsten Formen des kaufmännischen Verkehrs, z. B. der Schuldvertrag, berücksichtigt, und aller Handel beschränkte sich bis zum Beginn des 11. Jahrhunderts der Hauptsache nach auf einfachen Kauf und Tausch.

Die Friesen waren der erste deutsche Stamm, der den Eigenhandel in größerem Maßstabe betrieb. Sie verführten außer getrockneten und gesalzenen Fischen aus der Nordsee viel Wollenzeug und Leinwand, die überall in ihrem Lande hergestellt wurden, nach dem mittleren und oberen Rhein oder nach Paris und vertauschten sie besonders gegen Wein. Erst seit dem 10. Jahrhundert begann auch das übrige Deutschland zum Aktivhandel überzugehen. Nun bildeten sich allmählich mehrere geschlossene Handelsgebiete heraus, in denen gewisse Orte eine hervorragende Rolle spielten: so das oberrheinische Gebiet mit dem Vorort Mainz, das niederrheinische mit Köln, das Donaugebiet mit Regensburg und das Elbgebiet mit Magdeburg, Bardowick und Hamburg. Allen voran breitete dann Köln den Bereich seines Handels tatkräftig aus. Seine Kaufleute fuhren immer häufiger rheinabwärts zur Nordsee und knüpften lebhafte Beziehungen zu England und Flandern an. Schon um das Jahr 1000 erfreuten sie sich in London bedeutender Privilegien; sie führten dort hauptsächlich Wein und Tuch ein und holten dafür Wolle und Metall. Später traten viele andere Orte am Niederrhein in einen regen Wettbewerb mit Köln, besonders als der deutsche Ausfuhrhandel, nachdem er eine Zeitlang gestockt hatte, gegen die Mitte des 12. Jahrhunderts einen neuen Aufschwung nahm. Damals versperrten innere Unruhen in den russischen

Reichen die uralte Handelsstraße, die von Indien und Persien über das Kaspische Meer nach Westrußland und weiterhin nach den Gestaden der Ostsee führte. Rasch griffen die italienischen Handelsstädte Genua und Venedig zu und leiteten den Transport der orientalischen Waren vom Kaspischen Meere zur See nach Italien und von da zu Lande nach Nordfrankreich, Flandern und England. Um dieselbe Zeit gestalteten die Kreuzzüge die Verbindungen zwischen Westasien und Europa weit inniger als zuvor und ließen die Produkte der Levante, Baumwolle, Glas, Seidenzeuge, feine Wollengewebe, Gewürze, Südfrüchte, Juwelen u. dgl., in großen Massen auf den europäischen Markt strömen, während sie dem Orient aus dem Abendlande Pelze, Leder, Metalle, Salz u. a. zuführten. Dazu kam endlich noch die Erschließung des baltischen Nordostens, also jener großen Ländergebiete, die sich um die Ostsee herumlagern; schon um das Jahr 1165 fuhren deutsche Kaufleute die Düna hinauf. Aus dieser allgemeinen gewaltigen Steigerung des Verkehrs verstanden in Deutschland besonders die Bewohner des Nordwestens großen Vorteil zu ziehen. Utrecht, Münster, Soest, Dortmund, Bremen und Lübeck wurden neben Köln die Träger eines sehr lebhaften Zwischenhandels zwischen Flandern und England auf der einen und dem inneren Deutschland, Dänemark, Skandinavien und dem slawischen Nordosten auf der anderen Seite.

5. Wesen und Entwicklung der Märkte in Deutschland.

Die Stätten, wo sich die Beamten der Grundherrschaft mit den Ertragsüberschüssen ihres großen Betriebs, die Handwerker mit den Erzeugnissen ihres Gewerbfleißes und die Kaufleute mit den Gegenständen ihres Handels zum Austausch ihrer Waren zusammenfanden, waren vor allem die Märkte.

In der ältesten Zeit gab es in Deutschland einen regelmäßigen Marktverkehr nur da, wo einst Römerstädte gestanden hatten. Auf ihren Trümmern hatte sich ein gewisses Maß von Handel und Gewerbe, den wichtigsten Voraussetzungen eines lebhafteren Güteraustausches, selbst durch die unruhigen Zeiten der Völkerwanderung hindurch erhalten. Sehen wir aber von diesen alten Römerstädten ab, so waren im übrigen die Märkte damals noch keine dauernde Einrichtung, sondern wurden nur vorübergehend an Orten abgehalten, wo sich der Verkehr besonders konzentrierte, also an Furten, Kreuzungen großer Straßen, Wallfahrtsplätzen, Klöstern, Bischofssitzen, königlichen Pfalzen, Grenzburgen u. dgl. m. Je mehr aber der Verkehr zunahm, desto häufiger wurden die Märkte ständig und zwar zuerst an solchen Plätzen, wo sich eine zahlreiche Bevölkerung ansässig gemacht hatte. Das Marktrecht wurde schon früh, schon gegen Ende der Karolingerzeit, von den Königen als ein Regal betrachtet und ausgeübt, d. h. nur ihnen oder den von ihnen privilegierten Personen stand die Befugnis zu, rechtmäßige Märkte einzurichten und die damit verbundenen Einkünfte zu genießen. Diese Einkünfte flossen zumeist aus der regelmäßig mit dem Markt verbundenen Münze und dem Zoll, der von jedem Kauf und Verkauf innerhalb des Marktgebietes erhoben wurde. Aus dem 9. bis 12. Jahrhundert liegt uns eine lange Reihe von Urkunden über Markt-, Münz- und Zollverleihungen vor. Unter den Karolingern noch gering an Zahl, mehren sie sich unter den sächsischen und fränkischen Kaisern, nehmen unter den ersten Hohenstaufen ab und verschwinden endlich unter den späteren Kaisern fast ganz, weil seit dem 12. Jahrhundert die geistlichen und weltlichen Territorialherren anfingen, aus eigener Machtvollkommenheit Märkte zu errichten oder errichten zu lassen, ohne sich mehr um die kaiserliche Bewilligung zu kümmern. Die ältesten privilegierten Märkte waren hauptsächlich Jahrmärkte, zu denen sich fremde Händler mit den Produkten mehr oder weniger ferner Länder einfanden; daneben aber entstanden an größeren Wohnplätzen auch schon früh Wochenmärkte für den Verkehr mit den Bewohnern der Umgegend und tägliche Märkte für den Verkehr unter den Marktbewohnern selbst. Allen drei Arten der Märkte gemeinsam war der Genuß eines besonderen Friedens, eines sog. Marktfriedens. Er erstreckte sich nicht nur auf den Marktort selbst, sondern umfaßte oft auch dessen Umgebung auf eine oder mehrere Meilen in der Runde und verbürgte allen Besuchern des Marktes, besonders aber den auswärtigen Händlern, für die Zeit ihres Verweilens am Ort und für ihre Hin- und Rückreise den königlichen Schutz. Der letztere hatte die Wirkung, daß alle, die den Frieden des Marktes und seiner Besucher verletzten, in die hohe Strafe von 60 Schillingen verfielen; die gleiche Strafe traf diejenigen, welche gegen die Bestimmungen über Zoll und Münze verstießen. Dadurch sollte den Marktleuten eine besondere Sicherheit für ihre Person und für ihr Eigentum gewährleistet werden. Außerdem wurde für manche Jahrmärkte verordnet, daß auf ihnen weder Schuldner noch Missetäter gerichtlich verfolgt, sondern nur die am Marktorte selbst verübten Verbrechen geahndet werden sollten. Als sichtbares Zeichen des Marktfriedens und der Marktfreiheit steckte man zuerst einen einfachen Strohwisch auf, der wohl ursprünglich als Kopfbinde gedacht war, dann die Königsfahne oder ein Kreuz, sei es allein oder in Verbindung mit einem Handschuh; später wurden als gleichartige Symbole hier und da die steinernen Rolandsbilder angesehen, die uns seit dem 15. Jahrhundert in vielen Städten Norddeutschlands begegnen (vergl. S. 128).

Der Marktzoll wurde in Naturalien oder in Geld entrichtet. Der Nutzen des Münzwesens für den Marktherrn bestand teils in dem ihm zufallenden Schlagschatz, teils in dem Gewinn aus dem Geldwechsel, der sich notwendigerweise an jeder Münzstätte entwickelte. Um den Vorteil, der ihnen aus der Münze erwuchs, recht auszunutzen, ließen die Münzherren oft ganz unnötigerweise die Münze häufig verändern, was natürlich mancherlei Mißstände im Gefolge hatte. Die Verwirrung im Münzwesen stieg umso höher, je öfter die Könige das Münzregal an Fürsten des Reiches verliehen, und die Übelstände wurden desto drückender, weil man eine öffentliche Kontrolle über die in wachsender Menge entstehenden Münzstätten nicht kannte.

Mit den erwähnten Marktprivilegien, speziell dem Münzrecht, war immer auch die Aufsicht über Maß und Gewicht verbunden und die Befugnis, sie selbständig zu regeln und über ihren falschen Gebrauch zu richten.

Der Grundherr, der vom König die oben beschriebenen Marktprivilegien für einen bestimmten Ort empfangen hatte, war damit durchaus noch nicht gezwungen, nun auch sofort einen Markt ins Leben zu rufen und auszugestalten; im Gegenteil geschah es gar nicht selten, daß er noch lange Zeit verstreichen ließ, ehe er das gewonnene Recht ausnutzte.

Wollte der Grundherr seine Privilegien wirksam machen, dann mußte er zunächst einen bestimmten Raum für den künftigen Marktplatz und die künftige Marktansiedelung, sowie eine Allmende für diese letztere aus seinem Landbesitz ausscheiden. Regelmäßig legte man den Marktort ein wenig abseits von den schon vorhandenen Wohnplätzen — Pfalz, Burg, Domgemeinde, Kloster — an, um schon durch diese räumliche Trennung seinen ganz besonderen Charakter zu kennzeichnen. Nur Kaufleute und Handwerker durften sich in der neuen Ansiedlung niederlassen, und eben deshalb wurde ihr auch in der älteren Zeit niemals eine Ackerflur zugewiesen, sondern nur eine Gemeinweide und ein Gemeinwald, wo sie ihr Vieh ernähren und Holz schlagen konnte. Die Viehzucht galt ja während des ganzen Mittelalters nicht als ein speziell landwirtschaftlicher Betriebszweig, sondern wurde in den Städten gerade so gut gepflegt als auf den Dörfern. Weil die Marktbewohner nicht Ackerbau treiben sollten, wurden ihnen auch die Grundstücke für ihre Häuser und Höfe nur knapp zugemessen. Zum Entgelt für deren Überlassung mußten sie an den Marktherrn jährlich einen geringen Arealzins entrichten. Dazu traten dann noch die Abgaben für die Benutzung der mancherlei Verkaufsstätten auf dem Markte, der Buden, Zelte, Bänke u. dgl. Die neuen Marktgemeinden besaßen von vornherein eine Art Marktpolizei, welche besonders die Aufsicht über Maß und Gewicht und die Prüfung der Lebensmittel einschloß und die Gerichtsbarkeit über jeden Kauf und Verkauf. In der Regel bildeten sie auch bald einen besonderen Rechts-, Gerichts- und Pfarrbezirk.

6. Der Marktort als Vorstufe der Stadt.

Wenn die Marktansiedlungen günstig gelegen waren, an einem schiffbaren Fluß oder einer viel begangenen Landstraße, in einer fruchtbaren Gegend, inmitten eines Gebietes, das besonders wertvolle und gesuchte Bodenschätze lieferte, wie Edelmetall, Eisen, Salz, dann lockte dies Gewerbe und Handel in immer steigendem Grade an. Handwerker und Kaufleute aus der näheren und ferneren Umgebung, auch aus älteren Handelsplätzen, fanden ihren Vorteil darin, sich dauernd an solchen Orten ansässig zu machen und durch die Ausübung ihres Berufes die Bedürfnisse der Grundherrschaft sowohl wie der bäuerlichen Bevölkerung ringsum zu befriedigen. Der Güteraustausch vollzog sich namentlich auf den Wochenmärkten, die auf dem Marktplatz abgehalten wurden; nebenher lief der tägliche Handelsverkehr in den Häusern der Marktbewohner. Nahm die Zahl der letzteren schnell zu, dann sah man sich oft schon in früher Zeit genötigt, an das Marktgebiet angrenzende

Höfe oder ganze Dörfer jenem einzuverleiben und so mit der anfangs rein kaufmännischen Gemeinde eine ackerbautreibende Bevölkerung zu verschmelzen. Doch blieben die beiden Gruppen im Gerichtswesen oft noch lange von einander geschieden. Schließlich schritt man dann dazu, den ganzen Ort mit einer dauernden Befestigung, einer Mauer, zu umschließen. Dadurch wurde aus dem Markte eine Stadt. Eine solche Entwicklung ging in den verschiedenen Plätzen auf die verschiedenste Weise vor sich. Manche ursprünglich unansehnliche Märkte schwangen sich über Erwarten schnell zu großer Bedeutung und zu dem Range von Städten empor, während andere anfangs vielversprechende Verkehrsstätten später die Hoffnungen nicht erfüllten, die ihre Begründer auf ihr Gedeihen gesetzt hatten. So ist z. B. Ingelheim, einer der Lieblingspfalzen Karls des Großen, trotz des früher dort herrschenden lebhaften Verkehrs der Aufstieg zur Stadt nicht beschieden gewesen.

Das Recht der Marktansiedlungen war gewöhnlich von Haus aus von dem für die Landgemeinden geltenden Landrecht mehr oder weniger verschieden: es war ein kaufmännisches Gewohnheitsrecht, wie es sich im Laufe der Zeit namentlich in jenen Handelsplätzen ausgebildet hatte, die auf dem Boden früherer Römerstädte erstanden waren. Auch das Gerichtsverfahren mußte in den Marktorten eine von dem gewöhnlichen Verfahren abweichende Gestalt annehmen; es mußte vor allem im Interesse des Handelsverkehrs die Verhandlung der Rechtssachen möglichst abgekürzt und die Entscheidung beschleunigt werden. Der Marktfriede, der den Teilnehmern am Markte für die Zeit, wo dieser abgehalten wurde, und, wenn sie von auswärts kamen, für die Hin- und Rückreise besonderen königlichen Schutz gewährte, war kein örtlich fest begrenzter Lokal-, sondern nur ein persönlich wirkender Friede. Seiner Sicherung diente ein besonderes Marktgericht, das gleichfalls nur vorübergehend, zur Zeit der Jahr- und Wochenmärkte, in Tätigkeit trat. Eine ganz andere Bedeutung hatte der spätere Stadtfriede; denn er ging nicht aus diesem Marktfrieden hervor, sondern aus dem königlichen Burgfrieden, wie ihn alle festen Plätze des Reiches und auch ganz besonders die früheren Römerstädte genossen, die ja sämtlich seit alter Zeit schon ummauert und somit Reichsburgen waren. Mit der Ummauerung eines Marktorts fiel ihm regelmäßig auch dieser Burgfriede zu.

Eine Folge desselben war das besondere Asylrecht der Städte und das Verbot, innerhalb ihrer Mauern Waffen zu tragen. In späterer Zeit dehnte sich der Burgfriede auch auf die nächste Umgebung der Stadt aus, mitunter sogar auf das ganze Gebiet, das zu ihr gehörte.

Während die neuen Marktansiedlungen in Recht und Gericht und die aus ihnen erwachsenden Städte hinsichtlich ihrer Befestigung und ihres Friedens dem Vorgang der alten Römerstädte im Süden und Westen des Reiches folgten, herrschte zwischen beiden Arten von Handelsplätzen bezüglich ihrer Verfassung gerade das umgekehrte Verhältnis. Auf diesem Gebiet schritten die neu gegründeten Märkte bahnbrechend voran, indem sie im Gegensatz zu allen andern schon bestehenden Gemeinden von Anfang an ihrer Gemeindeverwaltung eine republikanische, nicht eine monarchische Form gaben. Alle Angelegenheiten der Gemeinde wurden in ihnen von der Gesamtheit der Einwohner oder, da dies bei wachsender Ausdehnung des Ortes auf die Dauer nicht durchführbar blieb, wenigstens von einem Ausschuß derselben beraten und entschieden. So entstand hier zuerst, manchmal als Ergebnis einer sehr langsamen, allmählichen Entwicklung, manchmal ziemlich schnell, ein Stadtrat, mit einem oder mehreren Bürgermeistern an der Spitze, eine Institution, um deren Einführung die Römerstädte zumeist erst schwere Kämpfe mit ihren Stadtherren auszufechten hatten.

Am raschesten verlief die Entwicklung der Marktorte zu Städten an jenen Plätzen, wo Bischöfe residierten. Dieser schnelle Fortschritt hatte mancherlei Gründe. Einmal besaßen jene Orte großenteils eine vortreffliche Handelslage und eine fruchtbare Umgebung. Sodann konnten sie vielfach an altrömische Überlieferungen anknüpfen und sich auf die ausgezeichnete Organisation gerade der geistlichen Grundherrschaften stützen. Ferner kam ihnen die besondere Gunst sehr zu statten, welche die deutschen Könige, zumal die aus dem sächsischen Hause, den Bischöfen zuwandten. Endlich aber übten ja überhaupt die Kirche und ihre Institutionen während des ganzen Mittelalters einen ebenso großen Einfluß auf das wirtschaftliche Leben ihrer Schutzbefohlenen aus wie auf das geistige, einen Einfluß, der namentlich für die Zeit vom 9. bis 12. Jahrhundert gar nicht hoch genug angeschlagen werden kann. An den Grabstätten berühmter Heiliger und an den Gotteshäusern, die weit und breit verehrte Reliquien bargen — und beide gab es besonders zahlreich an den Bischofssitzen — strömten in regelmäßigen Zwischenräumen große Volksmassen zusammen. Dies bot dem Händler die froh benutzte Gelegenheit, seine Waren schnell und in Menge zu verkaufen. Das Wort „Messe" im Sinne von „Markt", sowie die Krambuden, die wir noch jetzt in vielen Städten an alte Kirchen angebaut sehen, zeugen noch heute von dem engen Zusammenhang, der einst zwischen Handel und Gottesdienst bestand. Nicht minder förderlich war die Unterstützung der Kirche für das Handwerk; es fand durch sie vielseitige, lohnende Beschäftigung. Sie bedurfte, am allermeisten natürlich die Kathedralorte, viel feine Gewebe, Stickereien, Gold- und Silbergerät, Lederwaren, Holz- und Elfenbeinschnitzereien u. dgl.; sie setzte vor allem durch ihre großartigen Bauten zahllose Hände in Tätigkeit. Sind doch die ältesten Dome, wie die von Mainz, Speyer und Worms, alle von Bischöfen errichtet worden! Diese letzteren zogen auch nicht, wie die Könige, von Pfalz zu Pfalz, noch hielten sie gleich den weltlichen Großen auf einsamen Burgen Hof. Sie blieben vielmehr für gewöhnlich in der Nähe ihrer Kathedralen, so daß die Bewohner ihrer Residenzen die Vorteile voll ausbeuten konnten, die eine weitläufige, oft üppige Hofhaltung für sämtliche Zweige bürgerlicher Nahrung im Gefolge hatte. Unter solchen Umständen wird es uns nicht wundernehmen, wenn gerade die Bischofssitze in der älteren Zeit des deutschen Städtewesens eine führende Rolle zu spielen vermochten. Als Beispiele seien besonders hervorgehoben Köln, Mainz, Trier, Worms, Speyer, Straßburg, Konstanz, Augsburg, Magdeburg, Bremen, Merseburg, Hildesheim, Würzburg, Bamberg, Passau, Paderborn, Halberstadt und Naumburg.

Neben den Marktgemeinden, die sich um einen Bischofshof gruppierten, erreichten zuerst diejenigen, die sich an königliche Pfalzen anlehnten, einen festeren Zusammenschluß und eifrige Förderung durch ihren Herrn. Es war ja nichts natürlicher, als daß die Könige die Einwohnerschaft ihrer Pfalzen nach Kräften begünstigten. Zudem wirkten die häufigen Versammlungen der Großen des Reiches, die hier stattfanden und eine bedeutende Steigerung der Lebensbedürfnisse im Gefolge hatten, sowie der Zusammenfluß der Produkte aus dem umliegenden Besitz des Königs auf Handel und Gewerbe belebend ein.

So erklärt es sich, daß Orte wie Frankfurt a. M., Dortmund, Nordhausen, Mühlhausen, Goslar, Ulm und Nürnberg schon frühe ein stadtähnliches Aussehen gewannen.

Der Dom zu Speyer. (Nach Dehio und v. Bezold.)

Klosterstädte, die früh aus alten Märkten hervorgingen, waren unter anderen Quedlinburg, Essen, Gandersheim, Hameln, Aschaffenburg, Saalfeld, Höxter und Hersfeld. Im übrigen aber begannen die Klöster und die weltlichen Großen — Herzöge, Mark- und Pfalzgrafen und Grafen — zumeist erst später, im 12. und 13. Jahrhundert, bedeutungsvoll auf die Entwicklung des Städtewesens einzuwirken. Sie verliehen damals entweder bereits bestehenden Orten ihrer Territorien das sog. „Stadtrecht“ oder gründeten planmäßig Städte „von frischer Wurzel“. Städte der letzteren Art stellen einen neuen Typus dar und sind in mancher Beziehung von den aus alten Marktansiedlungen hervorgegangenen, die wir bisher betrachtet haben, wohl zu scheiden. Um ihre Entstehung zu begreifen und um zugleich zu verstehen, was es mit der Verleihung des „Stadtrechts“ auf sich hat, müssen wir uns nun über die Bedeutung dieses Stadtrechts etwas ausführlicher verbreiten.

7. Das „Stadtrecht“ und seine Bedeutung für die bürgerliche Freiheit.

Die rechtliche Lage der Stadtbewohner war, wie aus dem vorigen Kapitel hervorgeht, anfangs von der der Landbevölkerung nicht eben sehr verschieden. Im wesentlichen waren jene nur dadurch bevorzugt, daß sie sich eines besonderen Marktrechts und infolgedessen wenigstens zur Zeit des Marktes auch eines höheren Friedens erfreuten und daß sie durch die stärkere Befestigung ihrer Wohnorte besser gegen äußere Feinde geschützt waren. Aber seit der Wende des 11. und 12. Jahrhunderts trat in diesen Verhältnissen eine durchgreifende Wandlung ein. Damals verliehen die Kaiser Heinrich IV. und Heinrich V. den Bürgern von Worms und Speyer eine Reihe von Privilegien, die für die Entwicklung der bürgerlichen Freiheit Epoche machten, und im Jahre 1120 legte Konrad von Zähringen die neue Stadt Freiburg i. Br. an und stattete die Leute, die sich darin ansiedeln würden, mit höchst wertvollen Vorrechten aus. Nach Freiburgs Vorgang erhielten bald andere Städte gleich bei ihrer Gründung eine sehr freie Rechtsstellung, und da in der Folge auch die alten, allmählich entstandenen Städte mit den neu gegründeten gleichen Schritt zu halten und an ihren Vergünstigungen Anteil zu gewinnen suchten, so bildete sich nach und nach ein besonderes Stadtrecht aus, welches schließlich die städtischen Gemeinwesen von den ländlichen in Recht, Verfassung und Verwaltung auf das schärfste unterschied.

Die allmähliche Entwicklung der städtischen Freiheit läßt sich noch jetzt an der Hand der Urkunden fast Schritt für Schritt verfolgen. Wir greifen eine Reihe besonders wichtiger Zeugnisse heraus, um diesen Vorgang heller zu beleuchten und sein Resultat verständlicher zu machen.

Im Jahre 1074 beschenkte Kaiser Heinrich IV. die Bürger von Worms zum Dank für die treuen Dienste, die sie ihm im Kampfe gegen die Fürsten geleistet hatten, mit der Zollfreiheit in einer Reihe von Zollstätten. Sein Nachfolger, Heinrich V., befreite durch ein Privileg vom Jahre 1111 die unfreien Bewohner von Speyer für alle Zeiten von der Entrichtung des sog. Buteils d. h. von einer herkömmlichen Verpflichtung, wonach stets ein Teil ihrer Hinterlassenschaft dem Bischof oder einem anderen Grundherrn überlassen werden mußte, die freien Bewohner aber von dem Zoll und einigen anderen Abgaben in der Stadt und vom Zoll an den kaiserlichen Zollstätten; außerdem erhielten die Bürger vom Kaiser die Aufsicht über die Münze und die Zusage, daß sie nicht außerhalb ihrer Stadt vor Gericht geladen werden sollten. Ähnlicher Art waren die Freibriefe, die derselbe Kaiser in den Jahren 1112 und 1114 an die Einwohner von Worms verlieh.

Viel weiter ging im Jahre 1120 Konrad von Zähringen in der Privilegierung seiner neuen Stadt Freiburg i. Br. Er bestimmte, daß die neue Gemeinde, abgesehen von der Erb- und Zollfreiheit, auch politische und kirchliche Selbständigkeit genießen, d. h. ihren Vogt oder Stadtrichter und ihren Priester selbst wählen solle; zudem setzte er 24 Marktgeschworene ein, eine Behörde, die sich schon kurz darauf in ein Ratskollegium verwandelte. Diese Privilegien wurden im Laufe des 12. Jahrhunderts mit Erlaubnis der Zähringer Herzöge durch mancherlei Satzungen des Rates und der Bürgerschaft bedeutend erweitert: Die Bürger sollen nicht weiter als auf eine Tagereise zur Heerfahrt verpflichtet sein, bei keinem auswärtigen Richter verklagt werden dürfen, bei der Abmessung der Strafen soll keinerlei Unterschied nach Ständen gemacht werden. Der Vogt soll das Gericht in allen Sachen haben und die 24 Ratsmänner die Aufsicht über Maß und Gewicht führen. Auch die unfreien Leute in der Stadt sollen ihr Eigentum ohne Abgaben an ihre Herren frei vererben dürfen, jeder Stadtbewohner aber soll frei sein, falls er sich nicht selbst als Eigenmann eines

Herrn bekennt oder der Herr seine Hörigkeit beweist. Zwischen den Ehegatten soll volle Standes- und Rechtsgleichheit bestehen. Ministeriale dürfen nur mit allgemeiner Zustimmung der Bürger in die Stadt aufgenommen werden. Haus- und Grundbesitz ist die Voraussetzung für den Genuß des Bürgerrechts. An den Stadtherrn ist im wesentlichen nur ein geringer Grundzins für die Hausplätze zu entrichten. Jeder Bürger kann sein Gut verkaufen und ungehindert auswandern und erhält dabei freies Geleit bis an den Rhein.

Im Jahre 1164 erhob Kaiser Friedrich I. den von seinem Vater gegründeten Ort Hagenau i. Elsaß zur Stadt und verlieh ihm ein Stadtrecht. Dieses setzt u. a. fest, daß die Bürger von Geldsteuern und Einquartierung, sofern sie sie nicht selbst wünschen, sowie von allen Abgaben auf Erbschaften, vom Marktzoll und vom Geleit der Waren frei sein sollen. Außerhalb der Stadt darf, bei schwerer Strafe, kein Bürger vor Gericht gefordert werden. Die Bürger wirken in Gericht und Verwaltung der Stadt mit, der Kaiser selbst ernennt nur den Stadtrichter aus ihrer Mitte als seinen Stellvertreter. Besondere Vertrauensmänner urteilen über Vergehen und die sog. Stadtgeschworenen über den Verkauf verdorbenen Fleisches. Unfreien steht der Zug in die Stadt offen, doch verbleiben sie in der Gewalt ihrer früheren Herren.

Das wichtige Recht der Bürger, vor niemand als dem Stadtrichter belangt werden zu dürfen, begegnet uns auch in dem älteren Stadtrecht von Soest, das vor dem Jahre 1165 abgefaßt ist. Von Leistungen der Bürger an den Stadtherrn, den Erzbischof von Köln, ist nur der Hauszins erwähnt. Das jüngere Stadtrecht, um 1200 aufgeschrieben, spricht bereits von Bürgermeister, Rat und Kommune der Stadt, zeigt also die städtische Verfassung schon völlig ausgebildet. — Wie das Freiburger Stadtrecht unmittelbar oder mittelbar auf eine große Reihe von Städten im südwestlichen Deutschland und in der Schweiz überging, so wurde das Soester mehreren Städten in Westfalen verliehen, z. B. Medebach und Lippstadt; letzteres gab sein Recht wieder an Hamm weiter. Besonders bedeutungsvoll wurde das Soester Recht aber dadurch, daß es teilweise auch für Lübeck als Vorbild diente.

Als Heinrich der Löwe um 1170 eins der fünf Weichbilde von Braunschweig, den Hagen, gründete — „Weichbild“

bedeutet ursprünglich „Ortsrecht", später bezeichnet es den Bezirk, wo dieses Recht gilt, also die Stadt mit ihrem Gebiet —, da gewährte er den Bürgern der neuen Stadt ganz ähnliche Rechte, wie sie Freiburg i. Br. gleich anfangs erhalten hatte. Von ihm zuerst aber wurde in Deutschland der so ungemein wichtige Grundsatz ausgesprochen: Der unfreie Mann, der Jahr und Tag unangefochten in der Stadt gewohnt hat, ist für immer frei. — Ein größeres Werk vollbrachte Heinrich der Löwe noch durch die Gründung Lübecks. Kaiser Friedrich I. erhob es zu einer königlichen Stadt und begabte es durch ein Privileg vom Jahr 1188 mit wertvollen Freiheitsrechten. Auch hier gilt die Verjährung, wenn ein eingewanderter Höriger binnen Jahr und Tag von seinem Herrn nicht reklamiert wird. Die Bürger sollen nicht heerespflichtig sein, sondern bloß ihre eigene Stadt verteidigen. Es ist auch schon die Rede von einem Rat und seiner Befugnis zur Prüfung der Münze und zum Erlaß von Verordnungen, über deren Übertretung er selbst zu richten hat. Aus besonderer Gnade gestattet der Kaiser zum Schluß noch den Bürgern, in Zukunft ihr Recht zu verbessern, außer zum Nachteil des kaiserlichen Vogtes.

Die vorstehende Auswahl von Urkunden ist in mehrfacher Hinsicht lehrreich. Sie zeigt deutlich, wie sich die rechtliche Emanzipation der Stadtbewohner vor allem auf die freie Bevölkerung stützte, welche in den neugegründeten Städten selbstverständlich die unfreie von vornherein weit überwog und in den alten Städten während des 12. Jahrhunderts offenbar gewaltig zunahm; sie beweist ferner, wie sich das Landrecht, dem diese freie Bevölkerung unterstand, immer mehr den eigentümlichen Verhältnissen des städtischen Lebens anpaßte und in ein besonderes Stadtrecht verwandelte, und endlich, wie die im 12. Jahrhundert aus frischer Wurzel erstehenden Städte ihren älteren Schwestern bezüglich der freieren Ausgestaltung ihres Rechtes und ihrer Verfassung vorangingen und sie in dieser Beziehung stark beeinflußten. Manche der alten Städte vermochten nur langsam nachzukommen; besonders hielten viele Bischöfe an ihren Rechten als Stadtherren gegenüber den vorwärts drängenden Bürgern mit Zähigkeit fest und ließen sich erst nach hartnäckigen Kämpfen zum Verzicht auf dieselben bewegen, so z. B. die Bischöfe von Worms, Basel und Augsburg. Aber früher oder später errangen trotzdem die Bürger fast überall eine freiere Rechtsstellung und machte die Entwicklung der städtischen Verfassung außerordentliche Fortschritte. Die neuen Errungenschaften, die man so bis zum Anfang des 13. Jahrhunderts erzielte, waren kurz zusammengefaßt etwa folgende: Größere persönliche Freiheit — selbst die von auswärts einwandernden Hörigen können die Freiheit unschwer erlangen, daher der Grundsatz: „Stadtluft macht frei“ —, unbeschränktes Ehe- und Erbrecht, Ausbildung einer freieren Form der Erbleihe, Freiheit des Erwerbs durch Handel und Handwerk, Beseitigung fast aller Leistungen an den Stadtherrn, ausgenommen den Grundzins, Beschränkung der Pflicht des Heeresdienstes, eigene Wahl des Vogtes, der den Stadtherrn als Richter und Beamter den Bürgern gegenüber zu vertreten hat und vor dessen Gericht allein diese Bürger in Sachen von größerer Bedeutung geladen werden dürfen, Umgestaltung des Landrechts gemäß den besonderen Anforderungen der städtischen Wirtschaftsweise, eigene Führung der städtischen Verwaltung, insbesondere Handhabung der Marktpolizei, Erhebung des Zolls, Aufsicht über Münze, Maß und Gewicht, endlich Einsetzung eines von einem oder mehreren Bürgermeistern geleiteten Stadtrats.

Der letzte Punkt bedarf noch einer kurzen Erläuterung. Mit der Einsetzung eines besonderen Rates erreichte die Entwicklung der Stadtverwaltung ihren Höhepunkt; eben der Rat wurde in der Folge das wichtigste Werkzeug, um die Macht und Freiheit der Stadt nachdrücklich zu schützen und immer weiter auszudehnen. Die Art seiner Entstehung war nicht überall die gleiche; bald läßt er sich auf ältere Behörden und Einrichtungen zurückführen, bald tritt er als etwas ganz Neues plötzlich in die Erscheinung. Am raschesten griff die neue Institution in den Gründungsstädten Platz. Da setzte man oft gleich anfangs ratähnliche Kollegien ein und betraute sie mit der Aufgabe, im Interesse der Bürgerschaft einzelne Teile der städtischen Verwaltung zu besorgen. Ihre Befugnisse waren zunächst nur gering. Sie hatten vornehmlich unvererbte Hinterlassenschaften zu bewahren, Maß und Gewicht festzustellen und deren Fälschung zu verfolgen, bei dieser oder jener Gelegenheit die Bürgerschaft gegenüber dem Stadtherrn zu vertreten und endlich mitunter wohl auch als Schöffen zu fungieren. Aber es lag in der Natur der Sache, daß sie, je mehr sich die städtischen Verhältnisse befestigten und Zahl und Wohlstand der Bürger wuchsen, um so eifriger darauf ausgingen, den Kreis ihrer Amtsbefugnisse zu erweitern. Die Einzelheiten dieser Entwicklung zu verfolgen würde zu weit führen. Das Ergebnis war folgendes: Jene Ausschüsse der Bürgerschaft maßten sich das Recht an, ein Stadtsiegel zu führen — in Köln schon 1149, Mainz 1150, Trier 1171 —, ferner allerlei die Bürgerschaft bindende Verordnungen zu erlassen, eine allgemeine obrigkeitliche Gewalt über die Bürger auszuüben, mit einem Wort: die Regierung der Stadt zu übernehmen. In den jüngeren Gründungsstädten wurden dem Rate diese Rechte schon früh seitens der Stadtherren formell bestätigt, in den älteren Städten dagegen nahm die Entwicklung einen langsameren Verlauf. Hier erwuchs der Rat teils aus den Marktgerichten, teils aus den Friedensgerichten — ein solches, aus 40 Mitgliedern zusammengesetzt, bestand z. B. längere Zeit in Worms —, teils aus Bürgerausschüssen, die der Stadtherr in wichtigen Fragen zu Rate zu ziehen pflegte, teils endlich aus Schöffenkollegien, die mancher Orten im Namen der Bürgerschaft unter dem Vorsitz des Vogtes Recht zu sprechen hatten. In dem letzten Falle lag also fortan Rechtsprechung und Verwaltung in derselben Hand, die Schöffenkollegien wurden einfach zu Schöffenräten. Aber nicht selten setzte man auch neben die alten Schöffenkollegien, die dann unverändert weiter fortbestanden, einen neuen Stadtrat als besondere Behörde. Welche speziellen Vorgänge in den einzelnen Städten die Einführung der Ratsverfassung veranlaßten, ist in den meisten Fällen nicht mehr ersichtlich, und ebensowenig läßt sich meistenteils erkennen, in welcher Weise die neue Korporation ins Leben trat. Jedenfalls begegnet sie uns seit dem Ende des 12. Jahrhunderts fast überall in Deutschland und setzt sich schließlich auch in jenen Städten durch, wo man sie anfangs gewaltsam zu unterdrücken suchte. Die Zahl der Ratsherren war in den einzelnen Orten sehr verschieden; vielfach belief sie sich auf 12. Bei der Wahl kamen natürlich nur alteingesessene, angesehene und wohlhabende Bürger in Betracht. Der Rat war der sichtbare Ausdruck für den hohen Grad von Selbständigkeit, den sich die deutsche Bürgerschaft bereits gegen Ende des 12. Jahrhunderts durch friedliche Mittel oder auf dem Wege des Kampfes errungen hatte.

8. Der Begriff „Stadt" im Sinne des Mittelalters.

In demselben Grade, wie das Streben der Bürger nach größerer politischer, rechtlicher und wirtschaftlicher Freiheit von Erfolg begleitet war, vertiefte und erweiterte sich die Kluft, die sich schon längst zwischen Stadt und Land aufgetan hatte, und schließlich kam es so weit, daß der Gegensatz zwischen ihnen viel größer war als heutzutage. Der Begriff „Stadt" in dem Sinn, den das deutsche Mittelalter etwa seit dem 13. Jahrhundert mit diesem Worte verband, umfaßte außer den Eigenschaften, die auch unsere Städte vor dem platten Lande auszeichnen, noch eine ganze Reihe solcher Merkmale, die entweder der modernen Stadt völlig abgehen oder wenigstens nur eine ganz untergeordnete Bedeutung für sie haben. Eine kurze Aufzählung und Erläuterung jener Eigenschaften wird uns das Wesen der mittelalterlichen Stadt klar vor Augen stellen und uns zugleich Gelegenheit bieten, die Ergebnisse der vielseitigen Entwicklung, die wir bisher verfolgt haben, noch einmal übersichtlich zusammenzufassen und, soweit nötig, zu ergänzen.

Äußerst wichtig für das Wesen der mittelalterlichen Stadt ist zunächst ihre Eigenschaft als Marktort. Der Marktplatz ist ihr Mittelpunkt und ihr Herz, auf ihm konzentriert sich fast der gesamte innerstädtische Verkehr. An dem Markte oder in seiner Nähe erheben sich die wichtigsten öffentlichen Gebäude, und die Mehrzahl von ihnen dient eben den Interessen des Warenaustausches. Dort stehen die Bänke, Buden und Hallen, in denen Kaufleute, Handwerker und Landleute ihre Waren feilbieten. Dort treffen sich täglich die Bürger, um ihre Produkte umzusetzen, und dorthin eilen zu den Wochenmärkten die Bewohner der umliegenden Dörfer und zu den Jahrmärkten die fremden Großhändler, um den Bürgern die Erzeugnisse der nahen Umgegend oder entlegener Städte und Länder zuzuführen und dafür die Produkte des lokalen Gewerbes und die einheimischen Handelsartikel zu erstehen. Vom Marktverkehr hat die Entwicklung der städtischen Freiheit ihren Ausgang genommen, nach ihm und der Bedeutung, die er für das städtische Leben gewann, heißen die Bürger im frühen Mittelalter oft schlechthin mercatores, Markt- oder Kaufleute, und dieses Wort umfaßt in gleicher Weise die Handwerker wie die eigentlichen

Kaufleute, weil eben beide Berufsklassen an der Benutzung der Markteinrichtungen gleich lebhaft teilnahmen.

Die mittelalterliche Stadt ist ferner befestigt. Die Notwendigkeit einer starken Umwehrung ergab sich für sie einmal aus dem Werte der Güter, die in ihr angehäuft waren, und sodann aus der Unsicherheit der Zeiten. Anfangs boten ein einfacher Erdwall und ein Graben hinreichenden Schutz, später aber verstärkte man den Erdwall durch einen festen Pallisadenzaun, und endlich trat an die Stelle des Holzzaunes eine Mauer mit Türmen und Toren. Nur wenige Orte, so die aus den Trümmern der alten Römerstädte erstandenen, besaßen gleich von vornherein Mauern aus Stein. Auf die Befestigung der Stadt weist der Name „Bürger" d. h. „Burger" hin; er kennzeichnet den Städter als den Bewohner einer Burg d. h. einer bergenden, befestigten Ortschaft.

Eben weil die Städte den Charakter von Festungen haben, ist die Verpflichtung der Bürger zur Heeresfolge gegenüber dem Reich oder dem Landesherrn schon früh eingeschränkt worden. Man hält sie bloß zur Landesverteidigung an oder bloß zu Auszügen, die nicht länger als einen Tag währen. Dafür sollen sie aber ihre eigene Stadt bewachen und deren Befestigung in gutem Zustande erhalten. Mitunter ist dies sogar die einzige Pflicht, die sie in militärischer Beziehung zu erfüllen haben.

Im Steuerwesen genießt die Stadt weitgehende Freiheiten. Zur landesherrlichen „Bede", der ältesten Steuer, die in Deutschland erhoben worden ist, wird sie entweder gar nicht herangezogen oder doch nur mit einer bestimmten, niedrig bemessenen Quote. Ebenso ist sie von der Entrichtung der Zölle im Reich oder im Territorium ganz oder großenteils befreit. Zur Bestreitung ihrer eigenen Ausgaben, namentlich für den Mauerbau, beginnt sie schon in der ersten Hälfte des 13. Jahrhunderts eine Accise auf Getränke, das sog. „Ungeld", zu erheben.

Die Stadt mit ihrem Gebiet bildet einen eigenen Gerichtsbezirk und besitzt stets ein besonderes Stadtgericht. Dieses hält sich bei seinen Entscheidungen an das überlieferte Recht des betreffenden Ortes. Der Richter, der den Prozeß leitet und das Urteil vollstreckt, wird meistens von der Stadt selbst gewählt oder wenigstens dem Stadtherrn vorgeschlagen und von dem letzteren bestätigt. Als Urteilsfinder kommen bloß Bürger in Betracht; in vielen Städten, namentlich in Franken und Sachsen, gibt es ständige Schöffenkollegien, die unter dem Vorsitz des Richters das Recht weisen; anderswo, besonders in Schwaben und Bayern, pflegt der Rat neben seinen sonstigen Geschäften auch die Befugnisse jener Schöffen auszuüben. Alle Bürger sind vor dem Stadtgericht gleich, und keiner darf vor einem auswärtigen Gericht sein Recht suchen. Für Verwaltungssachen und für Übertretung der ortspolizeilichen Verordnungen steht dem Rat überall eine Art niederer Gerichtsbarkeit zu. Die grundherrlichen Gerichte, die innerhalb der Stadt existieren, sucht die Bürgerschaft zu beseitigen, jedenfalls aber ihrer Vermehrung vorzubeugen.

Endlich ist die Stadt reich an verschiedenartigen Einrichtungen, die allen Bürgern gleichmäßig zu gute kommen. An der Spitze ihrer Verwaltung steht ein vielgliedriger Gemeindeausschuß, der Rat. Er hält seine Sitzungen in einem eigenen Gebäude ab, dem Rathaus. Im 12. Jahrhundert sind die Rathäuser kaum nachzuweisen, im 13. dagegen errichtet man sie schon in großer Menge. Seitdem gelten sie ebenso wie der Rat selbst als ein Wahrzeichen der städtischen Selbständigkeit.

Die Beziehungen der Bürgerschaft zum Stadtherrn sind schon im Anfang des 13. Jahrhunderts sehr gelockert. Je nach dessen Stellung unterscheidet man königliche und fürstliche Städte oder, was dasselbe bedeutet, Reichs- und Territorialstädte. Dieser Unterschied ist aber für den Umfang der Freiheiten, die eine Stadt genießt, nicht von durchschlagender Bedeutung. Ja, von vielen Städten steht überhaupt zeitweise nicht recht fest, ob sie mehr der einen oder der anderen Klasse beizuzählen sind.

9. Die soziale Gliederung der ältesten Stadtbevölkerung.

Die Einwohnerzahl der deutschen Städte war um das Jahr 1200 überall noch sehr gering. Selbst die größte von ihnen, Köln, zählte gewiß nicht mehr als 10 000—15 000 Köpfe, aber die allermeisten hatten viel niedrigere Ziffern aufzuweisen. Ihre Bedeutung lag ja auch gar nicht in der Menge ihrer Bewohner, sondern in deren Art und Organisation.

Die oberste Schicht derjenigen Elemente, welche die eigentliche Bürgerschaft ausmachten, setzte sich aus altfreien, wohlhabenden Leuten zusammen, Grundbesitzern, Rentnern und Kaufleuten. Mit ihnen verschmolz allmählich ein Teil der grundherrlichen Beamtenschaft, die zwar ursprünglich unfrei gewesen, aber schon längst zu Besitz und Ansehen gelangt war. Dahin gehörten z. B. die sog. Münzerhausgenossen, die unter der Leitung des Münzmeisters die Münzprägung zu besorgen hatten und das mehr oder weniger ausschließliche Vorrecht des Geldwechsels und des Handels mit Edelmetallen ausübten. Unter den Kaufleuten überwogen in der Regel die Gewandschneider d. h. Tuchhändler. Großkaufleute, die einen umfangreichen Handel in die Ferne betrieben, waren in größeren Städten nur spärlich, in kleineren aber oft gar nicht ansässig. Am bedeutendsten scheint ihre Zahl noch in den westfälischen und niederrheinischen Städten gewesen zu sein, die, wie oben erzählt ist, am frühesten weitreichende Handelsverbindungen angeknüpft hatten. — Aus den oben genannten Kreisen der Bürgerschaft begann sich schon damals eine Art städtischen Patriziates zu entwickeln, denn ihnen vornehmlich wurden begreiflicherweise die Schöffen, Ratsherren und sonstigen Vertrauensmänner der Gemeinde entnommen. — Die geringeren Kaufleute, die Krämer, rechnete man zuweilen den übrigen Kaufleuten, gewöhnlich aber den Handwerkern zu.

Die freien Handwerker, die jedenfalls die verhältnismäßig stärkste Klasse der städtischen Bevölkerung bildeten, fingen an manchen Orten schon im 11. Jahrhundert an, sich zu kirchlichen Bruderschaften zusammenzuschließen. Vielleicht ahmten sie dabei den Gilden nach, die schon in sehr früher Zeit an vielen Orten Deutschlands bestanden haben. Es waren dies Verbrüderungen von Menschen aus allen Ständen, die gewisse religiöse und sittliche Zwecke verfolgten. Ihre Mitglieder unterstützten einander in der Not und unterhielten gemeinsam ewige Lichter auf den Altären und in den Kapellen, richteten Leichenfeiern für verstorbene Genossen aus, veranstalteten Seelenmessen für sie u. dgl. m.; auch pflegten sie, einem uralten heidnisch-germanischen Brauche folgend, an bestimmten Tagen im Jahr festliche Trinkgelage abzuhalten. Diese Gilden also nahmen sich die Handwerker wohl zum Muster, als sie ihre Bruderschaften stifteten, die ja zum Teil ganz ähnlichen Zwecken zu dienen hatten.

Die erste uns urkundlich bezeugte Bruderschaft solcher Art ist die der Mainzer Weber, der im Jahr 1099, nachdem sie schon längere Zeit vorher bestanden hatte, von seiten der kirchlichen Behörden ganz bestimmte kirchliche Rechte und Pflichten zugesprochen wurden. Ähnlichen Inhalts ist eine Urkunde, welche sich die Bruderschaft der Schuhmacher zu Würzburg im Jahre 1128 ausstellen ließ. Die Natur dieser Vereinigungen brachte es mit sich, daß sie neben den religiösen sehr bald auch weltlichen Zielen nachgingen und die Förderung ihrer gewerblichen Interessen in die Hand nahmen. Waren derartige Bestrebungen von Erfolg begleitet, dann entsprangen schließlich aus den Bruderschaften, hier früher, dort später, eigentliche Zünfte — ursprünglich bedeutet „Zunft" nur „Zusammenkunft", „Vereinigung" — d. h. organisch gegliederte, eine eigene Verbandspersönlichkeit darstellende, mit dem Recht der Selbstverwaltung ausgestattete gewerbliche Körperschaften. Die ältesten Zünfte in diesem Sinne des Wortes, die sämtlich auf Bruderschaften zurückgehen, sind die Zunft der Ziechenweber in Köln (1149 begründet), der Drechsler ebendaselbst (1180), der Schilderer in Magdeburg (1197), der Hutmacher in Köln (1225) und der Kürschner in Basel (1226). An einigen wenigen Orten entwickelten sich die Zünfte auch aus grundherrlichen „Ämtern", d. h. Verbänden unfreier Arbeiter gleichen Gewerbes, die an den Höfen großer Grundherren gebildet worden waren und der Leitung besonderer grundherrlicher Beamten unterstanden. Diese Ämter wurden allmählich, nach der Aufnahme freier Handwerker, der Ablösung der Dienste, welche die ursprünglich hofhörigen Genossen ihrer Herrschaft schuldeten, und der Erwerbung der Befugnis, auf eigene Rechnung für den freien Marktverkehr zu arbeiten, Genossenschaften eigenen Rechtes mit besonderer Gerichtsbarkeit und gewerblicher Selbstverwaltung. Der starke Trieb nach genossenschaftlicher Vereinigung, der die Menschen jener Zeit beherrschte, hatte dann zur Folge, daß sich nach dem Vorbild der eben beschriebenen Verbände bald überall in den deutschen Städten die Handwerker zu Vereinen ähnlicher Art zusammentaten und allenthalben das Zunftwesen schnell Eingang fand. Das konnte um so leichter geschehen, als sich gerade im 13. Jahrhundert das städtische Handwerk gewaltig ausdehnte und sehr große Fortschritte machte. Im übrigen aber waren die Erfolge der Zunftbewegung in den einzelnen Städten noch recht verschieden. Zwar die zahlreichen, von mißtrauischen Stadtherren unternommenen Versuche, die Ausbildung von Zünften zu verhindern und die schon bestehenden wieder zu unterdrücken, schlugen sämtlich fehl, und das Zunftwesen drang bis zum Ende des 13. Jahrhunderts völlig durch. Aber andererseits ließen sich doch auch nicht alle Wünsche, welche die Handwerker zur Gründung ihrer Innungen veranlaßten, schon damals tatsächlich erreichen. In der einen Stadt erlangte man die innere Selbständigkeit der Gewerbepflege zunächst nur zum Teil, in der andern konnte man die eigene Gerichtsbarkeit und Gewerbepolizei nicht ganz gewinnen; hier wurde der Zunftzwang völlig durchgesetzt, dort nur gegenüber den ortsfremden Handwerkern, während er an andern Orten in den Zunftprivilegien überhaupt nicht ausdrücklich ausgesprochen wurde; bald wurden die Finanzen der Zunft, ihr Besitz und ihre Einkünfte schon frühzeitig fest geregelt, bald nur sehr unvollkommen geordnet, und ein Streben nach besonderer politischer Macht, namentlich der Teilnahme an der städtischen Verwaltung, trat in dieser Zeit noch gar nicht hervor. Daß alle Handwerker aller Städte in Zünften organisiert wurden, dahin ist es ja überhaupt nie gekommen. Indes die Hauptsache wurde doch schon im 13. Jahrhundert erreicht, nämlich daß sich das Handwerk unter dem Schutz der stadtrechtlich anerkannten Zunft aus eigener Kraft selbständig weiter entwickeln und auf die Gestaltung seines wirtschaftlichen Daseins bestimmend oder mindestens mitbestimmend einwirken konnte. Über den Fortgang des Zunftwesens s. u. S. 87ff.

In allen Städten lebte zu der Zeit, die wir hier ins Auge gefaßt haben, ein allerdings nicht sehr starker Bruchteil der Einwohner vom Betrieb der Landwirtschaft. War doch mitunter selbst innerhalb der Mauern noch Acker- und Gartenland vorzufinden, namentlich da, wo man Vororte und Dörfer mit einer Altstadt vereinigt hatte! Dazu besaß ja auch jede Stadtgemeinde eine Stadtmark von mehr oder minder großer Ausdehnung und, als wirtschaftliche Korporation, eine allen ihren Angehörigen gemeinsame Allmende. Auch die Handwerker und Kaufleute der Stadt verbanden mit ihrem Hauptberuf noch fast sämtlich einen kleinen landwirtschaftlichen Nebenbetrieb; insbesondere pflegten die Bäcker, Metzger, Müller und Bierbrauer behufs Verwertung der Abfälle, die ihr Gewerbe lieferte, durchgängig Schweinemast zu treiben. Die soziale Lage derjenigen Städter, die hauptsächlich von der Landwirtschaft ihre Nahrung gewannen, gestaltete sich höchst mannigfaltig, je nachdem sie größeren oder kleineren Grundbesitz zu eigen hatten oder bloß von ihrer Hände Arbeit leben mußten, und je nachdem sie im

Stande der Freiheit oder Unfreiheit waren. Gerade unter ihnen gab es verhältnismäßig viele grundhörige Leute, die als solche außerhalb der Bürgerschaft standen.

Nicht zu der Bürgerschaft gehörten in der Regel auch die Angehörigen der Kirche, die als Weltgeistliche und Mönche an manchen Orten in großer Zahl beisammen wohnten. Sie waren in den meisten Rechtssachen, besonders in den kriminellen, nur der geistlichen Gerichtsbarkeit unterworfen und dadurch dem Geltungsbereich des Stadtgerichts entrückt, und vergebens bemühten sich die Städte, ihnen diese Sonderstellung zu entziehen. Im übrigen genossen die Kleriker bei der Bürgerschaft ein großes Ansehen, nicht nur weil sie zu jener Zeit neben den Rittern die alleinigen Träger einer höheren Bildung waren, sondern auch weil die Kirche damals überhaupt das ganze Denken und Fühlen der Menschen beherrschte und zugleich auch auf politischem und wirtschaftlichem Gebiet eine außerordentliche Macht in Händen hatte. Zudem rekrutierte sich ja die Geistlichkeit gerade aus den geistig regsamsten Elementen aller Volksklassen und übte fast allein die verschiedenen Tätigkeiten aus, in die sich später eine ganze Reihe gelehrter Berufsstände (Ärzte, Juristen, Baumeister, Lehrer u. dgl.) teilten. Die häufigen Streitigkeiten zwischen den Bürgern mancher Städte und ihren geistlichen Stadtherren trübten die inneren Beziehungen zwischen Bürgerschaft und Kirche in keiner Weise und verhinderten durchaus nicht, daß jene in religiöser Hinsicht die Autorität des Klerus unbedingt anerkannte.

Gleich dem Klerus nahmen die Juden da, wo sie sich überhaupt niederlassen durften, in Hinsicht des Rechts eine Sonderstellung ein. Ursprünglich waren sie den Christen nahezu gleichberechtigt und erhielten von Königen und Bischöfen mitunter wertvolle Privilegien. Aber seit dem Beginn der Kreuzzüge verschlechterte sich ihre Lage zusehends. Sie hatten seitdem teils unter dem Glaubenshaß der gesamten christlichen Bevölkerung, teils unter dem Konkurrenzneid der immer zahlreicher werdenden christlichen Kaufleute zu leiden und wurden gezwungen, sich mehr und mehr auf den Viehhandel zu beschränken, den Zwischenhandel und das Darlehnsgeschäft, welches früher die Kirchen und Klöster betrieben hatten, aber nunmehr allmählich aufgeben mußten, weil die öffentliche Meinung das Zinsnehmen verpönte und als Wucher brandmarkte. Wer jetzt jene Geschäfte betrieb, fiel leicht allgemeiner Verachtung anheim, und schließlich wurden „Jude" und „Wucherer" zu gleichgeltenden Begriffen. Daher waren die Juden nicht selten grausamen Verfolgungen ausgesetzt, z. B. im Jahre 1096 in der Rhein- und Donaugegend und 1146 in den rheinischen und benachbarten Städten. Die Kaiser und Stadtherren ließen sich die Schutzbriefe, die sie den Juden von Zeit zu Zeit ausstellten, mit immer höheren Summen bezahlen und erpreßten von ihnen außerdem gelegentlich bedeutende Darlehen. Das Judenregal, d. h. die Schutzherrschaft über die Juden, stand anfangs allein den Kaisern zu, ging aber vielfach auf die Landesfürsten über. Die Bezeichnung der Juden als „kaiserliche Kammerknechte" findet sich zuerst in einer Urkunde, die Kaiser Friedrich I. im Jahre 1157 für Worms erließ. Allenthalben in den Städten standen schließlich die Juden als eine besondere Korporation für sich, waren auch räumlich von den übrigen Einwohnern scharf geschieden und teilten mit ihnen weder ihre Lasten noch ihre Rechte.

So schroff der Gegensatz zwischen Juden und Christen mit der Zeit wurde, so gering waren im 12. Jahrhundert noch die Unterschiede zwischen den einzelnen Klassen der bürgerlichen Bevölkerung. Selbst dem Unfreien fiel es angesichts der milden Art der damaligen Hörigkeit nicht allzu schwer, sich zum Stande der Freiheit emporzuschwingen und das volle Bürgerrecht zu erlangen, besonders wenn er von auswärts kam, Grundbesitz in der Stadt erwarb und von seinem früheren Herrn nicht zurückgefordert wurde. Leichter noch war für den Freien der Übertritt aus einem Beruf in den anderen, also die Verwandlung des Ackerbürgers in einen Handwerker oder Kaufmann oder eines Handwerkers in einen Handelsmann; namentlich werden die jüngeren Söhne durchaus nicht immer dem Beruf des Vaters gefolgt sein. Selbst im späteren Mittelalter waren derartige Verschiebungen der wirtschaftlichen und sozialen Lage noch recht häufig, damals vollends, in der Frühzeit des deutschen Städtewesens, wo die Tore der neugegründeten Städte jedem Zuwandernden weit offen standen und man auch in den alten Städten wegen der daraus resultierenden Vorteile, z. B. der Steigerung der Grundrente, fremden Zuzug sehr gern sah, müssen solche Wandlungen noch weit öfter vorgekommen sein. Da waren alle Verhältnisse noch in Fluß und dem rührigen Unternehmungsgeist ein weiter Spielraum gegeben. Offenbar hatte im 12. und 13. Jahrhundert weite Kreise des deutschen Volkes ein mächtiger Trieb erfaßt, die engen Bande der überlieferten Daseinsformen zu sprengen und zu einer neuen höheren Lebensgestaltung fortzuschreiten. Von dieser Sehnsucht getrieben, wandten sich Tausende und Abertausende von deutschen Landleuten nach dem slawischen Osten, um jenseits der Elbe und Oder in dem neu eröffneten Koloniallande ihr Glück zu versuchen (s. u. S. 40 f.), während andere es vorzogen, statt dessen lieber in die aufblühenden Städte zu wandern. Ein Blick auf ihre wachsenden Freiheiten und auf die neuen Erwerbsmöglichkeiten, die sich dort aufgetan hatten, mußte manchen Bauer zu dem Streben verlocken, auch seinerseits davon zu profitieren. Viele trieb wohl auch Unglück mancherlei Art von dem Lande in die Stadt: Mißwachs und Hungersnot, Überschwemmungen, Kriegsnöte, Bedrückung durch harte Herren usw. Im sicheren Frieden der Stadt konnten solche schwer gefährdeten Existenzen noch am ehesten hoffen, wieder festen Boden unter die Füße zu bekommen und für ehrliche Arbeit auch einen entsprechenden sicheren Lohn zu gewinnen. Daraus erklärt sich der starke Zug nach den Städten, der einmal bewirkte, daß damals eine so große Menge von Neugründungen stattfinden konnte, und auf der anderen Seite in den alten Städten das Leben so frisch pulsieren ließ und so rasche Fortschritte nach den verschiedensten Richtungen hin hervorrief. Man kann wohl sagen, daß, außer am Schluß des Mittelalters und im 19. Jahrhundert, in keiner Periode der deutschen Geschichte das städtische Leben eine so rasche Entwicklung genommen hat wie im Zeitalter der Hohenstaufen.

10. Städtisches Leben im 11. bis 13. Jahrhundert.

Es erübrigt noch, einen kurzen Blick auf das Privatleben der ältesten deutschen Stadtbürger zu werfen, auf ihre Wohnung, Kleidung und Nahrung. Von all dem dürfen wir uns keine allzu günstige Vorstellung machen. Zwar nahm sich manche Stadt, von fern her gesehen, schon ziemlich imposant aus mit ihrem hohen Wall und Pallisadenzaun oder gar ihren Mauern, Türmen und Toren, mit ihren stattlichen Kirchen und dem mächtigen Steinbau ihres königlichen oder fürstlichen Burgsitzes. Allein im Innern zeigte das Bild dem Wanderer eine andere

Seite. Da gab es mitunter noch weite, nur zu landwirtschaftlichen Zwecken benutzte Flächen, und der bebaute Teil des Stadtgebietes zeigte durchweg enge, winklige und schmutzige Gassen, ohne Pflaster und Trottoir und ohne alle Vorkehrung für eine Beleuchtung am Abend oder in der Nacht. Dafür aber waren sie, namentlich zur Regenzeit, mit schlammigen Gräben oder Wassertümpeln durchsetzt, so daß es oft Mühe genug kostete, auf ihnen vorwärts zu kommen. Reinliche Leute trugen daher außer dem Hause des Schmutzes wegen starke hölzerne Überschuhe, sog. Pantinen. An eine regelmäßige Säuberung der Gassen dachte kein Mensch, und niemand fand etwas daran auszusetzen, wenn mancherlei Vieh, besonders Schweine und Hühner, frei umherlief und sich an den reichlich vorhandenen Abfallstoffen gütlich tat. Nur ausnahmsweise, wenn z. B. der Besuch eines Fürsten in Aussicht stand, schaffte man den Unrat beiseite; dann bestreute man wohl auch den Straßendamm mit Stroh, Gras und Blumen und verhängte die Häuser mit bunten Tüchern und Teppichen.

Die Häuser waren im allgemeinen unansehnlich, düster, schmal und niedrig, ganz aus Holz oder Lehm oder lehmbeworfenem Fachwerk errichtet und mit Stroh, Schilf oder Schindeln gedeckt. Nirgends kannte man Schornsteine (s. S. 115 u. 123), nirgends Glasfenster (s. S. 122), ja nicht einmal Öfen. Was man damals Ofen nannte, war nur ein topfartiges Glutgefäß, das manche Handwerker für ihre Arbeitszwecke benutzten, oder ein Schmelz-, Brenn- oder Backofen. Zwar fing man damals schon an, hier und da eine backofenartige Heizanlage, aus der sich dann später der Kachelofen entwickelte, auch zur Erwärmung von Wohnräumen zu verwenden, aber in der Regel geschah deren Heizung doch noch durch einen offenen Herd, der entweder in der Mitte des Wohnraums — viele Häuser hatten nur ein Erdgeschoß — oder an der Wand nach dem Fenster zu angebracht war. Den Rauch ließ man durch das sog. Windauge in der Decke entweichen, bei mehrstöckigen Häusern durchs Fenster; dieser mangelhaften Fürsorge für den Abzug des Rauches ist wohl hauptsächlich die sehr große Verbreitung der Augenkrankheiten, speziell der Triefäugigkeit, im Mittelalter zuzuschreiben. Zum Verschluß der Fensteröffnungen dienten gewöhnlich hölzerne Läden mit kleinen Ausschnitten, die das nötigste Licht zuführten und durch ein Stück

Leinwand, Pergament oder dergleichen verdeckt werden konnten. Natürlich machte der Rauch und die mangelhafte Erwärmung zur Winterszeit den Aufenthalt im Hause nicht gerade behaglich; um einigermaßen Schutz gegen die Kälte zu gewinnen, zog jeder, der es vermochte, auch daheim viel mehr und viel dickere Kleider an als in der wärmeren Jahreszeit. Dazu fehlte es an all den tausenderlei Bequemlichkeiten, die uns jetzt zu Gebote stehen. Anstatt der Schränke und Stühle hatte man Truhen und Bänke, von denen letztere zugleich auch als Nachtlager dienten, sei es für sich allein oder mit aufgeschüttetem Stroh oder aufgelegten Decken. Für die Beleuchtung sorgten Kienspäne und Lichtfässer, d. h. Töpfe, die mit Fett gefüllt waren und vor dem Anzünden des Dochtes erwärmt werden mußten. Die Kerzen aus Talg oder gar Wachs waren noch zu kostbar, und Öl wurde nur für kirchliche Zwecke aus dem Süden eingeführt. Am schlimmsten war es innerhalb der Häuser mit der Reinlichkeit bestellt, ähnlich wie draußen auf den Gassen. Die Dunggruben z. B. lagen mitten zwischen oder dicht unter den Wohnräumen, selbst in den vornehmsten Gebäuden, wie folgender Vorfall aus dem Jahr 1183 beweist. Damals hielt Kaiser Friedrich I. einen Reichstag zu Erfurt und sah eines Tages eine glänzende Versammlung von Fürsten und Herren bei sich zu Gaste. Da brachen plötzlich die Balken, die den Saalboden trugen, und die ganze erlauchte Gesellschaft versank in eine tiefe Kloake, die unmittelbar unter dem Saal zu ebener Erde lag. Acht Fürsten und mehr als hundert Ritter fanden dabei einen elenden Tod, der Kaiser selbst rettete sich nur durch einen Sprung aus dem Fenster.

Zur Kleidung verwandte der gewöhnliche Bürger grobes Wollen- und Leinenzeug. Besseres Tuch stand noch hoch im Preise, ebenso feinere Leinwand und Pelzwerk. Gleichwohl wurde dieses letztere in großen Massen verbraucht und bildete einen der wichtigsten Handelsartikel, die von den Ländern des Nordens und Ostens nach Deutschland eingeführt wurden, und das Handwerk der Kürschner war schon früh weit verbreitet und entwickelt. In Worms z. B. war die Kürschnerinnung lange Zeit die vornehmste von allen. Ein Hemd zu tragen war damals noch nicht allgemeine Sitte, sondern nur erst bei den Vornehmen üblich. In den unteren Volksklassen ist der Gebrauch dieses Kleidungsstückes erst im Beginn der Neuzeit ganz durchgedrungen. Der mit Ärmeln versehene Rock, den die Männer trugen, war noch nach uralter deutscher Art vorn geschlossen und hatte bloß unterhalb des weiten Halsloches einen Brustschlitz, durch den man beim Anziehen den Kopf schlüpfen ließ. Die Beinkleider bestanden aus zwei Stücken, einer oberen Hälfte, die Bruch hieß und eine Art ganz kurzer Kniehose darstellte, und einer unteren, die strumpfartig eng war und bis über die Kniee reichte. Sie waren aus Leder oder aus Leinwand gefertigt

Anspruchslos wie in Wohnung und Kleidung war man zu jener Zeit auch in Speise und Trank. Das Bier, welches man genoß, muß ein sehr schwacher Saft gewesen sein, denn der Dichter Hartmann von Aue behauptet, in einem Becher Wein liege mehr Wirkung als in 44 Bechern Bier oder Wasser; er scheint demnach Bier und Wasser fast auf dieselbe Stufe zu stellen. Das Bier wurde noch in alter Weise aus Hafer, Weizen oder Gerste gesotten; erst gegen das 12. Jahrhundert hin ist etwas häufiger vom Hopfen die Rede. Dessen Verwendung in der Brauerei kam zuerst in den Niederlanden auf und verbreitete sich von da nach Norddeutschland. Daher erklärt es sich auch, daß während des Mittelalters der deutsche Norden in der Bierbereitung dem Süden weit voraus war, ganz im Gegensatz zu unserer Zeit. Eine besonders weite Verbreitung fanden seit dem 13. Jahrhundert die Biere, welche in Bremen, Münster und Zittau hergestellt wurden. — Außer dem Bier trank man auch Wein, oft recht sauren, und den altgewohnten Met, der aus Wasser und Honig gemischt wurde, zuweilen mit einem Zusatz von Gewürz. Wollte man einen geringen Wein wohlschmeckender machen, so versüßte man ihn mit Honig oder verarbeitete ihn mit Hilfe von mancherlei Beeren und duftenden Kräutern zu einer Art Bowle; auch Würz- und Glühweine wurden schon getrunken, sowie Obst- und Beerenweine, letztere besonders in jenen Gegenden, wo die Rebe nicht recht gedeihen wollte. Doch erstreckte sich damals die Anpflanzung des Weinstocks viel weiter nach Norden hin als heutigen Tages. Der Branntwein kam als Getränk erst während des 15. Jahrhunderts in Gebrauch. Auch das Laster der Trunksucht war dem frühen Mittelalter fremd; erst seit dem 15. Jahrhundert galt es, sogar in der guten Gesellschaft, nicht mehr für unanständig, sich einen Rausch anzutrinken (vergl. S. 156 f.). — Unter den festen

Speisen spielte der Käse eine Hauptrolle, während die Butter noch im 12. Jahrhundert nur von den Vornehmen genossen ward und erst gegen den Schluß des Mittelalters zur allgemeinen Volksspeise wurde. Das derbe Brot enthielt viel Kleie, weil man sich nicht darauf verstand, das Mehl zu beuteln. Fleisch wurde viel verzehrt, aber ganz besonders stark war der Bedarf an frischen Fluß- und gesalzenen oder getrockneten Seefischen. Die deutschen Flüsse und Bäche waren damals noch weit mehr von Fischen bevölkert als heutzutage, und die Fischzucht wurde ganz rationell betrieben. Auf den massenhaften Verbrauch von Fischen weist schon der Umstand hin, daß man es in Worms bereits im Jahre 1106 für nötig befand, eine eigene Ordnung für den städtischen Fischmarkt zu erlassen und die ausreichende Versorgung des letzteren dadurch zu sichern, daß man 23 erbliche Stellen von Fischhändlern schuf, die in der Stadt und einem bestimmten Umkreis um dieselbe das ausschließliche Recht des Zwischenhandels mit Fischen besitzen und deren Aufkauf durch andere Personen verhindern sollten. Auch Gewürze verbrauchte man in großer Menge, namentlich Pfeffer, der über Ägypten eingeführt wurde; der Safran wird zum erstenmale im Jahre 1196 als Gewürz erwähnt. — Die tägliche Hauptmahlzeit wurde, wie es scheint, während des ganzen Mittelalters am späten Nachmittag eingenommen. Die Tischgeräte bestanden, wie nicht anders zu erwarten ist, aus den einfachsten Stoffen, gewöhnlich Holz oder Ton; Gabeln gehörten jedoch nicht dazu, da man diese erst gegen Ausgang des Mittelalters in Gebrauch nahm. Abends ging man sehr früh zur Ruhe, erhob sich aber auch schon beim Morgengrauen wieder vom Lager, eine Gewohnheit, die bis tief in die Neuzeit hinein in den Kreisen der Bürger herrschend geblieben ist.

11. Schlußergebnis.

Zustände wie die zuletzt geschilderten mögen uns ärmlich und die Anfänge unseres deutschen Bürgertums überhaupt manchem sehr bescheiden vorkommen; und doch, wie dürften wir gering davon denken, angesichts der unermeßlichen Fortschritte, die sie für alle Lebensgebiete heraufgeführt haben! Die Entwicklung des Städtewesens brachte das bewegliche Kapital als ein ganz neues Machtmittel in Deutschland zur Geltung, sie bewirkte eine bisher unbekannte, äußerst segensreiche Arbeitsteilung, sie gab dem Einzelnen eine größere Unabhängigkeit, einen weiteren Gesichtskreis und eine freiere Herrschaft über die Außenwelt, sie führte die Menschen näher zusammen und rief Gemeinschaften ins Leben, die mit gesammelten Kräften für die Interessen ihrer Mitglieder eintraten, aber andererseits auch von diesen eine opferwillige Hingabe an das Wohl der Gesamtheit verlangten, sie bereitete durch den engeren Verkehr, den sie zwischen den verschiedenen Landschaften anbahnte, die spätere Einigung der deutschen Stämme vor, sie ermöglichte die Bildung neuer Berufsstände auf Grund geistiger Tätigkeit, wie des Gelehrten-, Künstler- und Beamtenstandes, und sie brach endlich einem Grundsatz Bahn, auf dem unser gesamtes modernes Staatsleben beruht, nämlich dem großen Grundsatz der bürgerlichen Rechtsgleichheit. Mit einem Wort, die Begründung städtischer Gemeinwesen ist auf dem Gebiete der materiellen Kultur neben der Besiedlung des deutschen Ostens die folgenschwerste Tat, die unser Volk im Mittelalter vollbracht hat.

II.

Die Gründung der ostdeutschen Kolonialstädte und ihre Entwicklung bis zum Ende des 13. Jahrhunderts.

1. Der Verlauf der ostdeutschen Kolonisation im allgemeinen.

Den weiten Raum, den die Stämme deutscher Zunge gegenwärtig im Herzen Europas einnehmen, haben sie einst auf eine Art und Weise in ihren Besitz gebracht, die wohl nirgends auf der Erde ihresgleichen findet. Ursprünglich, in vorhistorischer Zeit, saßen die Deutschen wahrscheinlich zwischen der Elbe und der Weichsel. Von da rückten sie allmählich weiter westwärts vor, zunächst zum Rhein und zur Donau, dann, während der sog. Völkerwanderung, bis zur Meerenge von Gibraltar, ja noch darüber hinaus bis zum Nordrande von Afrika. Dieser Auszug gen Westen bewirkte jedoch, daß sie ihre alten Sitze östlich der Elbe preisgaben und den benachbarten Slawen und Preußen als mühelos zu erringende Beute in die Hände fallen ließen. Wie es scheint, haben die Deutschen bei ihrem Abzug das Land dort nahezu völlig geräumt; nur wenige unsichere Spuren weisen noch darauf hin, daß vielleicht hier und da, an Havel und Spree, an Oder und Weichsel, kleine Reste von ihnen zurückgeblieben und mit den einwandernden Fremdlingen verschmolzen sind. Nun bildeten also, seit dem 6. Jahrhundert unserer Zeitrechnung, Böhmerwald, Saale und Elbe im wesentlichen die Grenze zwischen Deutschen und Slawen, und so blieb es bis auf die Zeit Heinrichs I. Da aber, ungefähr seit 920, begann der Strom deutschen Lebens, der viele Menschenalter hindurch nach Westen gezogen, wieder nach seiner alten Heimat zurückzufluten und zuerst mit einzelnen schwachen Vorstößen, bald aber ohne Unterbrechung und mit aller Gewalt sich gegen Osten zu wenden und in ungeheurer Breite, von den Alpen bis zur Ostsee, die bisherigen Grenzen zu überschwemmen. Allerdings ging, was Heinrich I. und Otto der Große in langwierigem Kampf den Slawen abgerungen hatten, im Unglücksjahre 983, beim Tode Ottos II., zum größten Teile wieder verloren. Aber das Ziel, das sich jene Könige gesteckt hatten, die Unterwerfung und Bekehrung der slawischen Grenzvölker, behielten wenigstens die ostdeutschen Fürsten und ganz besonders die sächsischen Herzöge seitdem fest im Auge. Und kaum war einer von ihnen, Lothar von Supplinburg, im Jahre 1125 zum deutschen Kaiser erhoben, da nahmen sie mit größerer Tatkraft als je zuvor die Eroberung und nun auch, im Unterschied von der früheren Zeit, die Kolonisierung des slawischen Ostens in Angriff. Heinrich der Löwe, Sachsens Herzog, Albrecht der Bär, Sachsens Markgraf, und Wichmann von Magdeburg, Sachsens Erzbischof, erzielten in ruhmvollem Wetteifer die großartigsten Erfolge, jener in Holstein und Mecklenburg, diese in der heutigen Mark Brandenburg. Doch auch in Meißen und den thüringischen Marken, die man seit Heinrich I. glücklich behauptet hatte, regte sich jetzt neues Leben, und nicht lange, so waren auch Pommern, Schlesien, Polen, Preußen und Livland in den Strudel der großen Bewegung gezogen und wurden die Ziele einer friedlichen oder kriegerischen deutschen Einwanderung. Das 12. und ganz besonders das 13. Jahrhundert sah dort im Nordosten der Elbe eine solch kraftvolle Ausbreitung des deutschen Wesens, wie sie in gleicher Stärke und mit gleich nachhaltigem Erfolge nie vorher und nie nachher wieder stattgefunden hat. Über 200000 qkm Landes, also zwei Fünftel des Flächenraums, den unser Reich heute umfaßt, hat damals das deutsche Schwert, der deutsche Pflug und die deutsche Mission dauernd für unsere Kultur gewonnen. Nach vielen Dutzenden zählen die Klöster, nach Hunderten die Städte und nach Tausenden die Dörfer, die auf fremdem Boden angelegt und mit deutschen Bewohnern besetzt wurden. Für Schlesien allein berechnet man die Menge der Deutschen, die bis 1260 einwanderten, auf 150—180000 und die Zahl der von ihnen begründeten Dörfer auf etwa 1500. In Brandenburg überwog zur selben Zeit die deutsche Bevölkerung die einheimische schon um mehr als das Doppelte, und ebenso durchgreifend wurden Mecklenburg und Preußen besiedelt.

Die Ursachen dieser gewaltigen Ausbreitung der Deutschen nach dem Osten hin waren mannigfacher Art. Anfangs führten überwiegend religiöse Gründe, der Wunsch, die heidnischen Slawen dem Christentum zu gewinnen, die Deutschen über die Elbe. Aber daneben wirkten doch auch schon frühzeitig andere Absichten politischer und wirtschaftlicher Natur mit, indem man darauf ausging, die östlichen Grenzgebiete unter die Macht und Oberhoheit des deutschen Reiches zu beugen und zugleich von ihnen Tribute zu erlangen. Als man bei diesem Bestreben auf erbitterte Gegenwehr stieß und sich die scheinbar bezwungenen Slawen und Preußen immer und immer wieder in blutigen Aufständen empörten, da riefen die fürstlichen Eroberer endlich deutsche Kolonisten zu Hilfe, um nach altrömischer Weise das Land mit ihnen zu besetzen und dauernd für das Deutschtum zu sichern. An Leuten aber, die sich zur Auswanderung willig finden ließen, war daheim im Mutterlande kein Mangel mehr. Denn damals gerade, am Ende des 12. Jahrhunderts, ging der innere Ausbau Deutschlands einem gewissen Abschluß entgegen, und viele der überschüssigen Kräfte, die bisher in der inneren Kolonisation Beschäftigung gefunden hatten, wurden nun für die äußere verfügbar. Während des 10., 11. und 12. Jahrhunderts hatte sich die Bevölkerung schnell vermehrt, vielleicht, wie einige meinen, auf das Drei- oder Vierfache; gleichzeitig waren die Urwälder, die noch zur Zeit der ersten Karolinger ungeheuere Räume bedeckt hatten, in fortwährend steigendem Maße gerodet und zur Anlage neuer Höfe und Dörfer in Anspruch genommen worden. Allmählich gingen die Preise des Grund und Bodens sehr in die Höhe, und der Platz für neue Niederlassungen begann endlich knapp zu werden; steht es doch fest, daß im 13. Jahrhundert die Zahl der Dörfer in Deutschland schon fast ebenso groß war wie heute! Kein Wunder daher, daß nun viele von denen, die in der Heimat keinen eigenen Grundbesitz mehr erwerben konnten, insbesondere die jüngeren, nach damaligem Rechte vielfach vom Erbe der Hufen ausgeschlossenen Bauernsöhne, erwartungsvoll ihre Blicke nach dem Osten richteten. Folgenreicher noch war ein Vorgang, der sich gerade um die Wende des 12. und 13. Jahrhunderts vornehmlich im westlichen Niederdeutschland, etwa dem heutigen Hannover und Westfalen, abspielte. Dort hatten die Grundherren, d. h. die Eigentümer großer Landkomplexe, bis dahin ihre Ländereien in kleinen Teilgütern von etwa 30 Morgen Umfang an hörige Leute, sog. Laten, erblich ausgeliehen und dafür gewisse Abgaben und Dienste von ihnen empfangen. Diese Art, ihren Besitz zu nutzen, befriedigte aber die Grundherren jetzt nicht mehr; denn die Abgaben der Hörigen, die seit langer Zeit normiert waren und sich immer auf derselben Höhe hielten, standen in keinem rechten Verhältnis mehr zu dem inzwischen so gewaltig gesteigerten Werte des Bodens. Daher entschlossen sich die Grundherren, um höhere Einkünfte zu erzielen, zu tiefgreifenden Änderungen in der Organisation ihrer großen Besitzungen. Sie nahmen jene Teilgüter mit Güte oder Gewalt großenteils von ihren bisherigen Inhabern, den Hörigen, wieder zurück, schlugen zwei, drei oder vier von ihnen zu einem größeren Gut, einem sog. Meierhof, zusammen und taten diesen dann an freie Leute auf Zeitpacht aus, so daß sie nun in der Lage waren, je nach den Preisverhältnissen ihre Pacht zu erhöhen und mehr als bisher einzunehmen. Und was wurde aus den zahlreichen, auf diese Weise landlos gewordenen Hörigen? Sie erhielten zum Ersatz für ihr verlorenes Gut allerdings die Freiheit, aber während nur verhältnismäßig wenige von ihnen Pächter der neuen Meierhöfe werden konnten, blieb der großen Mehrzahl nur zweierlei übrig: Sie zogen entweder in die gerade damals mächtig aufblühenden Städte ihres Heimatlandes und versuchten dort durch bürgerliche Hantierung ihren Unterhalt zu verdienen, oder aber sie packten alle ihre Habe auf den Wagen und wanderten mit Weib und Kind in das ferne Slawenland über die Elbe, um dort zu ihrer neuen Freiheit auch ein neues

Ackergut zu gewinnen. So ist es zu erklären, daß so viele der Kolonisten im Osten gerade aus Niedersachsen und Westfalen stammten. — In gleicher Lage wie die nachgeborenen Bauernsöhne befanden sich vielfach die jüngeren Sprößlinge des Adels, namentlich die ritterlichen Dienstmannen oder Ministerialen. Sie ergriffen freudig die willkommene Gelegenheit, im Osten großen Landbesitz zu erlangen — in Preußen wurden beim Beginn der Kolonisation wiederholt einzelnen Edelleuten mehr als 100 Hufen, d. h. ungefähr 5000 Morgen Landes, angewiesen — und sich zugleich damit eine bedeutende, angesehene Stellung zu verschaffen. Sie sowohl wie ihre bäuerlichen Genossen fanden im Wenden- oder Preußenlande einen weiten Spielraum zur Betätigung ihrer Kraft. Dort gab es guten Boden in Hülle und Fülle, und dort winkte dem rüstigen Arm und dem wagenden Mute ein großes Feld fruchtbringender Arbeit. Denn das ganze große Gebiet, schon von jeher dünn bevölkert, war in jener Zeit noch bedeutend menschenärmer geworden und auf weite Strecken nahezu verödet; in der Mittelmark z. B. wohnten um 1130 nur etwa 25—30 000 Slawen. Die Schuld daran trugen teils die vernichtenden Kämpfe zwischen Deutschen und Eingeborenen, teils wilde innere Kriege, wie sie im 12. Jahrhundert u. a. zwischen den stammverwandten Polen und Pommern wüteten, teils endlich die schrecklichen Verwüstungen, die äußere Feinde, z. B. die Mongolen 1241 bei ihrem Einfall in Schlesien, anrichteten. Um dem Menschenmangel abzuhelfen und um sich selbst gleichzeitig zu schützen, mußten daher die deutschen Eroberer ihre Landsleute aus dem Westen herbeirufen. In welcher Weise dies geschah, erkennen wir u. a. aus der Botschaft, die um das Jahr 1140 Graf Adolf II. von Holstein in der Heimat verbreiten ließ, als er das im Krieg entvölkerte Land Wagrien neu besiedeln wollte. „Da sandte er", so erzählt uns der Chronist Helmold, „Boten aus in alle Lande, nach Flandern und Holland, nach Utrecht, Westfalen und Friesland, und ließ alle, die um Land verlegen waren, auffordern, mit ihren Familien hinzukommen: sie würden sehr gutes, geräumiges Land erhalten, das Fisch und Fleisch im Überfluß biete und strotze von guter Weide. Diesem Aufrufe folgend, erhob sich eine zahllose Menge aus verschiedenen Stämmen, und sie kamen mit ihren Familien und mit ihrer Habe ins Land Wagrien zum Grafen Adolf, um das Land, das er ihnen verheißen hatte, in Besitz zu nehmen." —

In jenen Landschaften, wo die Deutschen nicht erobernd vorgingen, sondern friedlich einwanderten, also im östlichen Teile von Mecklenburg, in Pommern, Polen, Schlesien und der Lausitz, war ihr Kommen den einheimischen Fürsten und Grundherren ebenfalls sehr erwünscht. Denn nach deutschem Recht angelegte und mit deutschen Bauern besetzte Dörfer lieferten ihnen viel höhere Einkünfte als ihre slawischen Ortschaften. Der slawische Bauer stand damals, wie noch jetzt, hinter seinem deutschen Berufsgenossen an persönlicher und wirtschaftlicher Tüchtigkeit weit zurück. Er gebrauchte zum Ackern meist nur den hölzernen Hakenpflug, mit dem er wohl leichten Sandboden aufreißen konnte, aber nicht fettes, schweres Fruchtland; er pflegte überhaupt den anstrengenden Ackerbau nicht eben sehr, sondern trieb statt dessen lieber Fischfang, Vieh- und Bienenzucht; er war endlich persönlich unfrei oder, als Freier, nur auf Widerruf mit Land ausgestattet und dabei mit zahlreichen drückenden Abgaben beschwert, so daß ihm selbst die Früchte seiner Arbeit bloß zu einem geringen Teile zu gute kamen. Während alles dieses den Slawen träge und gleichgültig machte, stand der deutsche Landmann von vornherein ungleich günstiger da. Dem schweren Eisenpflug, den er von Hause mit sich führte, bereitete auch die Bestellung des fetten Marsch- und Lehmbodens keine sonderlichen Schwierigkeiten; er konnte mithin große Strecken Landes in Anbau nehmen, die bisher für den betreffenden Grundherrn fast wertlos gewesen waren; dazu besaß er größere Erfahrung im Ackerbau, namentlich — als gelehriger Schüler der Niederländer — in der Garten- und Wiesenkultur und in allen Entwässerungsarbeiten, und hatte wohl auch den Vorteil größerer Körperkraft für sich. Endlich war der Deutsche sparsamer, ausdauernder und unternehmender als der Slawe. So ist es leicht zu begreifen, warum er seinem Grundherrn viel wertvoller erschien, obwohl er ihm verhältnismäßig bedeutend weniger zu zinsen hatte und sich einer ungleich größeren Freiheit erfreute. Denn er bildete mit seinen Nachbarn eine freie bäuerliche Gemeinde, genoß persönliche Unabhängigkeit und durfte fast ganz selbständig über seine — übrigens sehr reichlich, auf 60 bis 100 Morgen, bemessene — Hufe verfügen, sie namentlich auch frei vererben.

Dem Bauern und dem Ritter folgte auf ihrer Wanderung nach dem Slawenlande bald auch mancher deutsche Bürger. Seit Handel und Gewerbe vom Beginn des 11. Jahrhunderts ab so mächtig aufgeblüht waren, hatte sich Deutschland binnen weniger Generationen mit einer Menge von Städten angefüllt, und die Unternehmungslust des jungen Bürgerstandes griff frühe schon keckes Mutes auch über die neu erschlossene Ostgrenze hinüber. Dort winkte ihr um so reicherer Gewinn, als das Wendenland wirtschaftlich sehr zurückgeblieben war und die Erwerbsstände des Kaufmanns und Handwerkers kaum kannte. Über die Art, wie in ihm deutsche Städte erwuchsen, werden die folgenden Abschnitte ausführlicher zu berichten haben.

Die rasche und durchgreifende Besiedlung des Ostens ist jedoch, wie bereits angedeutet wurde, keineswegs einzig und allein das Verdienst der Laien. Sie müßte nicht in das Mittelalter fallen, wenn nicht auch die Kirche erheblich dabei mitgewirkt haben sollte. Sie hat in der Tat eine hervorragende Rolle dabei gespielt und zwar zunächst durch die Orden der Prämonstratenser und Cistercienser. Die letzteren dürfen allem Anscheine nach den Ruhm für sich in Anspruch nehmen, von ihrem Kloster Leubus aus, einer Gründung der Cistercienserabtei Pforta in Thüringen, zuerst den Strom der deutschen Auswanderung nach Schlesien gelenkt zu haben. Dort, wie in der Mark, in Mecklenburg und Polen, besetzten sie große Landstriche, die ihnen deutsche oder slawische Fürsten geschenkweise überlassen hatten, mit deutschen Bauern; sie pflegten schon sehr früh als tapfere Pioniere unseres Volkstums deutsches Recht und deutsche Sitte im fremden Lande und nahmen mit geringen Ausnahmen grundsätzlich nur deutsche Landsleute in ihre Konvente auf. Aber weit Größeres noch leistete der Orden der Deutschritter, der das Land der wilden Preußen eroberte und gründlich kolonisierte. Kleinere Gebiete, z. B. in der Neumark, verdankten ihre Kultur den beiden anderen geistlichen Ritterorden, den Johannitern und Templern. Auch jene Päpste sind nicht zu vergessen, Innocenz III., Honorius III., Gregor IX. und viele andere, die immer und immer wieder die Bewohner des deutschen Mutterlandes dazu aufrufen ließen, das Kreuz zu nehmen und gegen die Heiden des Nordostens ins Feld zu ziehen. Allerdings leitete sie dabei wesentlich nur das Interesse der Kirche und nicht etwa die Absicht, das deutsche Wesen ausbreiten zu helfen. Aber tatsächlich war doch auch dies eine Folge ihres Vorgehens. Denn da die päpstlichen Bullen denen, die sich an einer Kreuzfahrt nach Livland oder Preußen beteiligten, fast ebenso große Gnaden und Ablässe in Aussicht stellten wie jenen, die nach Palästina gingen, so zogen, besonders in der ersten Hälfte des 13. Jahrhunderts, beinahe jahraus jahrein zahlreiche Scharen von Pilgern, meist aus Norddeutschland, nach der Weichsel, Memel und Düna und stritten dort wacker mit gegen die eingeborenen Heidenstämme. Am häufigsten führte der deutsche Orden solche Pilgerheere in den Kampf, und mit ihnen hauptsächlich brach er endlich nach langem, heißem Ringen den zähen Widerstand der Preußen.

Nur kurz sei schließlich darauf hingewiesen, welche Beweggründe sonst noch, außer den oben erwähnten, die Bewohner des altdeutschen Westens über die Elbe geführt haben. Viele kamen dahin im Gefolge deutscher Fürstentöchter, die sich mit slawischen Dynasten, besonders in Schlesien und Brandenburg, vermählten, andere trieb die altgermanische Lust am Wandern und die Sucht nach Abenteuern in die unbekannte, geheimnisvolle Fremde, wieder andere wollten in mannhaftem Kampfe gegen die Heiden Ruhm und Ehre gewinnen und den Glanz des Rittertums, der in der Heimat allgemach verblich, dort im Osten wieder auffrischen, nicht wenige endlich, besonders Leute aus den niederen Klassen, drängte das Verlangen nach größerer Freiheit und höherer sozialer Geltung von Hause fort oder überhaupt eine unbestimmte Sehnsucht nach einem besseren Lose, als ihnen die Heimat zu bieten hatte, ganz so, wie auch heutzutage gar mancher seinem Vaterlande den Rücken kehrt, nicht gerade, weil ihn die Not dazu zwingt, sondern in der unklaren Hoffnung, daß er sich in der Ferne alle Güter des Lebens mit leichter Mühe werde erringen können. Und wie in unseren Tagen Amerika oder Afrika oder Australien für viele das Land ihrer Träume ist, das Land, wo Milch und Honig fließt, so war damals der Osten jenseit der Elbe ein solches Wunderland, von dem man sich oft goldene Berge versprechen mochte. Eine derartige Stimmung beherrschte offenbar weite Kreise des deutschen Volkes, und ihr gibt unter anderem ein altes Volksliedchen Ausdruck, das noch jetzt hier und da in Flandern auf den Straßen von Kindermund gesungen wird und ins Hochdeutsche übertragen etwa lautet:

Nach Ostland wollen wir reiten,
Nach Ostland wollen wir fort,
All über die grünen Heiden,
All über die Heiden,
Da ist ein besserer Ort.

2. Gründe für die Anlage deutscher Städte; Wahl des Platzes.

Deutsche Städte legte man im östlichen Kolonialgebiet begreiflicherweise in der Regel nicht eher an, als bis das betreffende Land bereits einigermaßen mit deutschen Dörfern und Höfen besetzt war. Daher wurden nur wenige Städte im 12. Jahrhundert gegründet, obwohl doch damals die Kolonisation schon in vollem Zuge war, dagegen sehr viele und zwar in immer steigender Zahl während des 13. Jahrhunderts, besonders in der zweiten Hälfte desselben (vergl. S. 73 f.). Weitaus die Mehrzahl von ihnen verdankte ihre Entstehung einem Landesherrn, mochte es nun ein Fürst, ein Bischof oder ein Ritterorden sein; grundherrliche Städte d. h. solche, die von einem Kloster oder einem Edelmann abhängig waren, finden sich während jenes Zeitraumes nur ganz vereinzelt. Der ursprüngliche Charakter der Städte wechselte nun je nach der Gegend und der Person der Begründer. In Mecklenburg, Brandenburg, Preußen und Livland kamen bei ihrer Anlage in erster Linie militärische Gesichtspunkte in Betracht. Denn hier waren sie zunächst als Festungen gedacht, die den umliegenden Bezirk vor feindlichen Angriffen schützen oder seinen Bewohnern im Falle der Not als Zufluchtsort dienen oder auch wohl einen Stützpunkt für ein etwa erforderliches offensives Vorgehen abgeben sollten. Sehr oft lehnten sie sich daher an Burgen an, wie fast alle Städte in Preußen und Livland. Dieser militärische Charakter trat freilich, sobald das Land einigermaßen beruhigt und gesichert war, allmählich zurück, am frühesten in den Binnenlandschaften, zuletzt im äußersten Nordosten. Dann kam eine zweite Eigenschaft der Stadt mehr zur Geltung, nämlich ihre Eigenschaft als Sitz des Handels und Gewerbfleißes. Vornehmlich als solche Verkehrsmittelpunkte müssen alle jene Städte von Anfang an angesehen werden, die von slawischen Landesherren ins Leben gerufen wurden, in Pommern, Polen, Schlesien und der Lausitz. Während demnach in den oben genannten Landschaften zunächst der Zweck der militärischen Sicherung überwog, gab in diesen letzteren die wirtschaftliche Bedeutung der Städte den Anlaß zu ihrer Gründung. Sie sollten die Märkte für die umliegenden deutschen Dörfer sein und deren Insassen mit allen Bedürfnissen versehen, an die sie von Hause gewöhnt waren. Sie sollten aber zugleich auch das bisher handels- und industriearme, fast nur Naturalwirtschaft treibende Slawenland in den allgemeinen Verkehr hineinziehen, es durch Anbahnung der Geldwirtschaft auf eine höhere Kulturstufe heben und eben dadurch auch dem Stadtherrn reiche Finanzquellen eröffnen. Letzterer Umstand ist von besonders großer Wichtigkeit, denn er zumal erklärt es, warum sämtliche Fürsten des Ostens, deutsche wie slawische, von ihrem Rechte der Stadtgründung einen so ausgedehnten, ja oft allzu ausgedehnten Gebrauch gemacht haben. Die Einkünfte, die aus den Städten in die Kassen ihrer Herren flossen, waren namentlich folgende: Zinsen der Bürger vom Areal ihrer Häuser und Höfe und von ihren Äckern; Markt-, Straßen- und Durchgangszölle; Anteil an den Bußen des hohen und niederen Gerichts; Abgaben für die Benutzung des Kaufhauses, sowie der auf dem Marktplatz errichteten Bänke und Buden; Mühlengefälle und Pachtgelder von den Schenken und den zum Fischfang dienenden Gewässern; Erlös aus den Verkäufen von nahen Äckern, Wäldern und Weiden, deren Wert natürlich ganz erheblich stieg; endlich die oft hohen Summen, die eine aufblühende Stadt für den Erwerb neuer Vorrechte und Freiheiten willig zu entrichten pflegte. Waren auch die Abgaben der Bürger im einzelnen nur geringfügig und wenig drückend, so machten sie doch immerhin, falls die Stadt gedieh, im ganzen eine recht ansehnliche Summe aus, und sie kamen neben den Erträgen der deutschen Dörfer den Fürsten desto erwünschter, weil diese im übrigen wohl mancherlei Naturallieferungen, aber sehr wenig Geld einzunehmen hatten. Dank den genannten Einkünften aber erfreuten sich gerade die Landesherren im deutschen Kolonialgebiete teilweise schon früh eines ganz bedeutenden Reichtums, besonders die Markgrafen von Brandenburg, die allerdings auch vortrefflich zu wirtschaften wußten, und da Geld auch Macht verleiht, so wuchs durch die Gründung von Städten schließlich auch die politische Bedeutung dieser Fürsten.

Hatte sich ein Landesherr entschlossen, eine Stadt nach deutschem Rechte anzulegen, so kam es zunächst darauf an, einen dafür geeigneten Platz auszusuchen. Bei dieser Wahl gaben nach dem, was soeben bemerkt wurde, hauptsächlich militärische und kaufmännische Erwägungen den Ausschlag. Am vorteilhaftesten war es für die künftige Stadt, wenn man eine Stelle fand, die in beiden Beziehungen günstig lag. Doch mußte man sich im

Drange des Augenblicks oft auch daran genügen lassen, wenn sie wenigstens den für die nächste Zeit wichtigsten Anforderungen entsprach. Eine hinreichende Bürgschaft für die gedeihliche Entwicklung der Stadt schien ganz besonders in dem Falle gegeben zu sein, daß der gewählte Platz einerseits genügende Sicherheit gegen feindliche Angriffe und gegen Überschwemmungen bot und andererseits die Verkehrswege nach zwei oder mehr Richtungen hin beherrschte. Darum wählte man gern eine Landenge zwischen zwei Seen — als Beispiele seien genannt Waren in Mecklenburg und Lyck in Ostpreußen — oder umgekehrt eine Meerenge — so bei Memel und Stralsund — oder einen trockenen Übergang zwischen See und Sumpf — Neubrandenburg — oder die Ränder von Höhenzügen, die zu breiten Flußtälern oder Küstenebenen abfallen — man denke an Kulm, Marienwerder, Marienburg, Elbing und die Städte auf dem Nord- und Südrande des Lausitzer Grenzwalls und des Flämings. Ferner bevorzugte man die Pässe in sumpfigen, schwer zu überschreitenden Tälern, wo an beiden Seiten das trockene Land nahe an den Fluß herantritt und so einen bequemen Übergang schafft — derart lag Berlin, Frankfurt a. O., Posen und Thorn — sodann belebte Rastorte an alten Handelsstraßen, namentlich da, wo diese eine Brücke zu passieren hatten oder andere Straßen kreuzten — Görlitz — und endlich die Mündungen der größeren Flüsse. Bezüglich der letzteren ist zu bemerken, daß man aus guten Gründen nicht gerade die unmittelbare Nähe des Meeres aufsuchte, sondern vielmehr den Punkt, an dem der Fluß noch ohne große Mühe überschritten werden konnte und man zugleich vor Wassersgefahr und Seeräubern geborgen war. Bezeichnende Beispiele sind Lübeck, Rostock, Stettin, Königsberg und Riga. Einige wenige Orte empfahlen sich durch wertvolle Bodenschätze, die sich in ihrer Nähe fanden, wie Freiberg in Sachsen, wo man ums Jahr 1160 Silber entdeckte, und Goldberg in Schlesien, bei welchem Gold gegraben wurde; im eigentlichen Tieflande haben die geologischen Verhältnisse sehr wenig Einfluß auf die Städtebildung geübt. Durchweg gemieden sehen wir darin diejenigen Stellen, an denen sich zwei Flüsse zusammenfinden, weil sie der Gefahr der Überschwemmung allzu sehr ausgesetzt, dazu wegen der nahen Sümpfe oder feuchten Wiesen ungesund waren und kein gutes Trinkwasser boten. Wo hingegen solche Plätze im Hügellande zu treffen waren, da benutzte man sie ihrer Sicherheit halber gerade mit Vorliebe, wenigstens in Preußen, wie die zahlreichen Städte an der Alle und ihren Zuflüssen beweisen. Besonders ungünstig für städtische Niederlassungen ist im großen und ganzen die südliche Ostseeküste, zumal zwischen der Oder- und der Weichselmündung; aber die wenigen guten Plätze hatte man schon früh herausgefunden und sehr geschickt verwertet. Überhaupt muß vom geographischen Standpunkt aus rühmend anerkannt werden, daß nur selten ein für eine Stadtgründung gut passender Ort nicht benutzt worden ist. Wenn man sich dagegen, was zuweilen auch vorgekommen ist, in der Wahl des Platzes vergriffen hatte, dann siedelte man, sobald der Fehler zu Tage getreten war, an eine andere, bessere Stelle über. So geschah es z. B. in Thorn, Marienwerder, Elbing, Königsberg und Memel; in Kulm geschah es sogar zweimal.

3. Plan, Aufbau und Benennung der Stadt.

Während sich die Wahl des Platzes für neue Städte nach den mit ihrer Gründung zunächst verfolgten Zwecken und nach der Natur des betreffenden Landes richtete, infolgedessen also in den einzelnen Fällen sehr verschieden ausfiel, herrschte dafür um so größere Übereinstimmung in der Einteilung und Verwendung des Stadtbodens selber und der zugehörigen Feldmark. Neuere Untersuchungen haben das merkwürdige Resultat ergeben, daß man während des ganzen 13. Jahrhunderts bei der Ansetzung städtischer Kolonien östlich der Elbe so ziemlich überall dasselbe Schema verwandte. Man steckte zuerst einen kreisrunden oder ovalen Raum ab mit einem Durchmesser von 500—600 m oder mit einem großen Durchmesser von 500 und einem kleinen von 300—400 m, also eine Fläche von etwa 50—100 Morgen. Innerhalb derselben maß man darauf die künftigen Straßenzüge aus und zwar in der Weise, daß sie sich rechtwinklig schnitten und womöglich ziemlich genau orientiert waren d. h. teils von Westen nach Osten, teils von Süden nach Norden liefen. So entstanden zwischen den Straßen Vierecke von der Form eines Quadrats oder Rechtecks, die Bauplätze für die künftigen Häuser. Etwa in der Mitte des Kreises oder Ovals ließ man ein, mitunter auch zwei Vierecke frei, um darauf später das Rathaus und die Kirche zu errichten und um Raum für den Marktverkehr zu gewinnen. Diese Marktplätze wurden in Schlesien ganz besonders groß ausgemessen und nach einem slawischen Wort Ringe genannt. Zuweilen ersetzte man sie, z. B. in einigen brandenburgischen Städten, durch eine einfache Verbreiterung der mittleren Hauptstraße; andererseits wurde in den preußischen Städten der Kirchplatz meistens in eine der vier Ecken gelegt, und auch sonst finden sich manche Abweichungen von der allgemeinen Regel. Die Bauplätze für die einzelnen Häuser erhielten durchgängig eine schmale Front nach der Straße zu, dagegen eine beträchtliche Tiefe für Hof und Scheunen; sie hatten sämtlich ungefähr die gleiche Größe. Nur um den Markt herum wurden sie noch schmaler als sonst bemessen, damit recht viele Bürger von dieser günstigen Lage profitieren konnten. Umgekehrt aber wurden nach der Außenseite der Stadt zu für etwa zuwandernde ärmere Leute Plätze von halber oder Viertelsgröße aufgespart. Die Zahl der Straßen war klein, zumal in Schlesien, wo sich oft nur eine einzige zwischen Ring und Stadtwall hinzieht. Der Tore gab es gewöhnlich vier, und man ließ vielfach die mittleren Straßen auf sie ausmünden. Diese setzten sich draußen in Gestalt von zwei bis vier größeren Landstraßen fort und teilten die Stadtmark in ebenso viele Stücke. Eine Feldflur war stets von Anfang an mit der Stadt verbunden; ihre Größe betrug zunächst in der Regel 100—150 Hufen oder etwa 6000—9000 Morgen. Drei Viertel davon waren für den Ackerbau bestimmt und wurden in Ackerlosen unter die einzelnen Bürger verteilt. Der Rest bildete die sog. Almende, das Gemeineigentum, das die Gesamtheit der Einwohner als Wiese, Wald oder Heide ausnutzte. Aus alledem geht hervor, daß unsere ostdeutschen Städte, soweit sie aus dem 13. Jahrhundert stammen, künstliche Schöpfungen sind, bei deren Entwurf, wie man gesagt hat, Reißbrett und Stift, Meßkette und Pflugschar in Anwendung kamen, und daß wir in ihnen planmäßig angelegte Niederlassungen sehen müssen, die mindestens in Bezug auf die räumlichen Verhältnisse ein zufälliges oder allmähliches Entstehen fast ganz ausschließen. Die Frage nach den Mustern für das durchgehends befolgte Anlagesystem ist noch nicht gelöst. Sie führt entweder nach Italien, mit dem Deutschland zu jener Zeit in so engen Beziehungen stand und wo altrömische Kolonialstädte, wie Florenz, Turin und Verona einen ganz gleichen Charakter zeigen, oder nach süddeutschen Orten wie Freiburg i. Br. (s. o. S. 19 ff.) und vielen anderen, die ebenfalls einer planmäßigen Gründung ihren Ursprung verdanken, oder endlich, und das ist das nächstliegende, nach sächsischen und thüringischen Städten, wie Bremen, Hildesheim, Magdeburg, Braunschweig, Naumburg, Freiburg a. d. Unstrut, Frankenhausen u. a. Diese weisen entweder einen vollständig gleichartigen Grundriß auf oder enthalten wenigstens einzelne Quartiere, die ganz ähnlich angelegt sind; nach deren Vorbild baute man zuerst Lübeck auf, und diese älteste Kolonialstadt über der Elbe übte dann wohl auf ihre jüngeren Schwester- und Tochterstädte, wie in mancher anderen Hinsicht, so auch hierin einen maßgebenden Einfluß aus. Des weiteren fragt es sich, in welcher Beziehung die neuen deutschen Städte zu älteren slawischen Ortschaften gestanden haben, ob sie nicht etwa öfters aus solchen hervorgegangen sind. Das letztere war nie der Fall; schon die Regelmäßigkeit der Anlage, die doch einen unbebauten Raum voraussetzt, nicht minder aber auch die Abneigung der deutschen Einwanderer gegen jedes enge Zusammenwohnen mit den Eingeborenen (vgl. S. 69) schloß diese Möglichkeit aus. Man erbaute die neue Stadt stets in größerer oder geringerer Entfernung von den slawischen oder sonstigen Dörfern und benutzte nur die Fluren derselben, ganz oder teilweise, zur Bildung der Stadtmark. Oft gingen dann die alten Orte schnell ein und lebten nur noch in den Namen der Städte fort, von denen sie verdrängt worden waren. In anderen Fällen wandelten sie sich im Lauf der Zeit in eine Art Vorstädte um, die eine rein slawische Bevölkerung bargen, wie z. B. die sog. Kitze, d. h. Fischerdörfer, vor den Toren vieler märkischer Städte.

In der eben beschriebenen Weise den Platz für eine neue Stadt auszuwählen und abzustecken, war Sache der Landesherren und ihrer Beamten, aber auch derjenigen Personen, die ihnen bei der Gründung behilflich waren. Nur selten nämlich führten diese die Landesherren für sich allein durch. In der Regel begnügten sie sich damit, sie in die Wege zu leiten, indem sie den erforderlichen Grund und Boden hergaben und der künftigen Gemeinde eine Reihe von Privilegien verliehen; alles andere hingegen, besonders die Gewinnung der nötigen Kolonisten und den ersten Aufbau der Stadt, überließen sie einem oder mehreren wohlhabenden und zuverlässigen Männern, die man Lokatoren,

Unternehmer, nannte und die wohl zumeist, wie in Posen, dem Stande der Kaufleute, in Schlesien aber immer dem Ritterstande angehörten. Ihre Namen sind uns in den zahlreichen Gründungsurkunden noch großenteils erhalten; erwähnt seien z. B. von der Goltz (Dramburg in Pommern), Heinrich von Raven (Neubrandenburg), Thomas von Guben (Posen) und Heinrich von Richenbach (Brieg). Diese Unternehmer entrichteten an den Landesherrn, ihren Auftraggeber, eine gewisse Geldsumme, deren Höhe je nach der Menge und Güte der ihnen zugewiesenen Hufen und nach der mit ihrem Geschäft verbundenen Gefahr und Mühe sehr verschieden war, und erhielten dann ihrerseits zur Entschädigung für ihre Arbeit und für ihre Auslagen die urkundliche Zusicherung bestimmter, überall wiederkehrender Rechte und Vorteile, die sie und ihre Erben in der zu gründenden Stadt dereinst genießen sollten. Dahin gehörte zuvörderst das zins- und zehntenfreie Eigentum an einem bedeutenden Teile der städtischen Feldmark, oft einem Fünftel oder Sechstel, sodann ein abgabenfreier Hof in der Stadt und das Amt des Schulzen oder Vogtes, das namentlich die niedere Gerichtsbarkeit in sich begriff, reiche Einnahmen brachte — gewöhnlich ein Drittel der verhängten Geldbußen — und sogar auf weibliche Nachkommen vererblich war; ferner ein Anteil an dem Marktzoll und anderen Verkehrsabgaben und endlich die Erträge gewisser gewerblicher Institute, wie einer Mühle, Badstube, Schenke, einiger Verkaufsstätten u. dgl. m. Waren mehrere Unternehmer vorhanden, so empfing doch stets nur einer das Schulzenamt, die übrigen mögen sich mit ihm in die anderen Vorteile geteilt haben. Aber gewöhnlich gab es nur einen Lokator. Sobald sich nun dieser jene wertvollen Rechte, die ihm fast die ausschließliche Leitung der inneren städtischen Geschäfte in die Hand legten, hatte verbriefen und vom Landesherrn oder dessen Stellvertreter das Stadtgebiet hatte zumessen lassen, nahm er seine nächste und wichtigste Aufgabe in Angriff und suchte deutsche Bürgerkolonisten heranzuziehen. Bisweilen fand sich ein erster Stamm von solchen schon ganz in der Nähe, dann nämlich, wenn die neue Stadt neben einen größeren slawischen Marktort oder auch Bischofssitz zu liegen kam, in welchem bereits seit längerer Zeit zahlreiche deutsche Kaufleute ansässig waren und einen mitunter recht lebhaften Handel trieben. Diese bildeten zwar gewöhnlich schon eine eigene Rechtsgemeinde und standen unter eigenen deutschen Vögten, aber da ihnen auch eine räumliche Trennung von den Slawen sehr wünschenswert erschien, so folgten sie bereitwilligst der Einladung des Unternehmers und siedelten in die neue, nur für Deutsche bestimmte Stadt über. So geschah es u. a. in Breslau, Stettin und Posen; dort erstanden in den Jahren 1241, 1243 und 1253 rein deutsche Städte neben den gleichnamigen slawischen Orten. Allein solche Fälle bildeten doch nur eine seltene Ausnahme; meist hatten es die Lokatoren nicht so bequem, sondern mußten ihre Leute aus größerer Entfernung herbeirufen. Gewiß gewannen sie auch manche Ansiedler aus benachbarten deutschen Dörfern — dies ist z. B. von Neu-Ruppin bezeugt — aber die große Mehrzahl doch erst aus den Städten des Mutterlandes. Der ganze Südrand der Ostsee von Lübeck bis nach Livland empfing seine städtischen Ansiedler im wesentlichen aus Niedersachsen, Westfalen und den Niederlanden, dagegen die inneren Striche bis zu dem Erzgebirge und den Sudeten aus Obersachsen, Thüringen, Franken und der Rheingegend. Die verschiedene Herkunft der Kolonisten läßt sich teilweise noch bis auf den heutigen Tag aus Sitte, Sprache und Rechtsgebrauch erkennen, und auch die Urkunden geben des öfteren darüber Auskunft. Danach stammen z. B. die Bewohner der Lausitzer Städte überwiegend aus Thüringen und Meißen, die der schlesischen Städte aus Franken und die der märkischen Städte in der Priegnitz und in Ruppin aus Anhalt und der Altmark. Wir haben uns die Berufung der ersten Bürger etwa so zu denken, daß die Unternehmer selbst oder ihre Agenten diejenigen Gegenden Deutschlands, zu denen sie nähere Beziehungen hatten, aufsuchten und dort in ähnlicher Weise, wie einst Graf Adolf von Holstein, auswanderungslustige Landsleute für ihre Plätze günstig zu stimmen suchten. Dabei fehlte es sicherlich nicht an übertriebenen Schilderungen der Vorteile, die letztere bieten sollten, und man wird die Mittel, Kolonisten anzulocken, nicht immer allzu gewissenhaft gewählt haben. Da nun aber, wie wie wir wissen, die Neigung zum Auszug nach dem Slawenlande damals in Deutschland sehr verbreitet war, so hatten solche Bemühungen meistens guten Erfolg, und der Unternehmer konnte wenigstens einen Teil seiner Stadt bald genug mit Bürgern besetzen. Nun begann eine emsige Tätigkeit. Es galt Wohnräume, Scheunen und Stallungen zu errichten, ein stattliches

Rathaus und eine Kirche zu bauen, eine Befestigungslinie zu ziehen, die Feldmark zu bestellen, Gärten darin anzulegen usw. Hierbei halfen die Landesherren oft nach Kräften mit; bald übernahmen sie es, für die Befestigung der Stadt zu sorgen, bald schenkten sie den Bürgern Holz aus nahen Wäldern oder überwiesen ihnen auch wohl ganze Forsten dauernd zur Holznutzung oder zu vollem Eigentum. Gerade Holz aber hatte man vor allem sehr nötig, weil man die Gebäude noch nicht aus Stein herzustellen pflegte, sondern fast ausschließlich aus Balken oder — gegen Ende des 13. Jahrhunderts — aus Fachwerk. Holz brauchte man auch zur Umschanzung der Stadt. Denn da es im norddeutschen Tieflande an Bruchsteinen fehlt, so benutzte man hierzu keine Mauern, sondern sicherte den Platz regelmäßig nur durch einen Erdwall mit einem Plankenzaun darauf und einem vorliegenden Graben, eine Befestigungsweise, die bei Slawen und Preußen altherkömmlich war und auch ihrer Billigkeit halber damals noch bei manchen Städten des Mutterlandes in Anwendung kam (s. o. S. 26). Die Erdwälle sind der Grund, warum die ostdeutschen Städte im Gegensatz zu den west- und süddeutschen nirgends von einem Bach oder Fluß durchströmt wurden; es war eben zu schwer, mit einem solchen Walle ein fließendes Wasser zu überbauen. Innerhalb der Stadt waren die hervorragendsten Bauwerke die Kirche und das Rathaus. Jene führte man schon früh außer aus Holz auch aus Backsteinen auf, und man benutzte sie nicht allein zum Gottesdienst, sondern auch für die Zwecke des Handelsverkehrs, z. B. in Lübeck die Marienkirche. Das Rathaus, das oft auch als Kaufhaus bezeichnet wird, enthielt in seinen unteren Räumen die amtliche Wage, ferner die sog. Kammern, d. h. Verkaufshallen, und unter Umständen auch einen Ratskeller. Im übrigen vergab und bebaute man zuerst die besten Plätze in der Stadt, die rings um den Markt liegenden; dann rückte man von hier aus allmählich nach der Peripherie hin vor. Wenn der Zuzug nach der neuen Stadt stark war, dann füllte sich der verfügbare Raum, der ja an sich nicht gerade groß war, mitunter sehr bald aus, und man mußte daran denken, die Stadt zu erweitern. Das geschah aber sonderbarerweise nicht etwa, wie heutzutage bei unseren Festungen, indem man die Umwallung hinausrückte und dann die Straßen nach allen Seiten hin fortsetzte, sondern man baute neben die erste Stadt genau nach demselben Schema eine zweite und, wenn auch die noch nicht reichte, eine dritte. Jede von ihnen erhielt ihre eigene Kirche, ihr eigenes Rathaus und ihre eigene Befestigung. Beispiele von Doppelstädten sind Thorn und Königsberg in Preußen, Görlitz in der Lausitz, Breslau (nicht ganz regelmäßig) und Schweidnitz in Schlesien und Waren in Mecklenburg. In Rostock, das besonders günstig lag und das von seinem Landesherrn zahlreiche Vorrechte erhielt, finden wir gar drei Städte nebeneinander, alle im Laufe zweier Menschenalter, etwa von 1190—1250, aufgebaut und erst später, im Jahre 1262, zu einer einzigen Stadtgemeinde vereinigt. Doch auch das Umgekehrte kam bisweilen vor, daß Städte, die allzu ungünstig gelegen waren, nicht recht wachsen wollten und daher nur einen Teil des Normalplans ausfüllten, wie Meyenburg und Friedland in Brandenburg, oder gar überhaupt nicht lebensfähig waren und nach einem kurzen, kümmerlichen Dasein spurlos wieder verschwanden oder zu Dörfern herabsanken. Man hat sie treffend die Opfer einer gewissen Überproduktion genannt. Eine eigentümliche Mittelstellung nahm die Stadt Güstrow in Mecklenburg ein. Dort legte man, wahrscheinlich in der stolzen Hoffnung auf eine große Zukunft, ehe noch die erste Stadt ausgebaut war, eine zweite an. Nun aber blieb der erwartete Aufschwung aus, und es gedieh keine von beiden Städten, weder die alte noch die neue. Da war man froh, als im Jahre 1248 der Landesherr, Fürst Nikolaus, die Erlaubnis erteilte, die Neustadt wieder aufzugeben. Man solle, so heißt es in der betreffenden Urkunde, ihre Häuser ganz einreißen und erst die Altstadt mit ordentlichen Gebäuden anfüllen. — Schließlich sei noch erwähnt, daß wir auch von einigen Stadtgründungen hören, die aus gewissen Gründen nie über die Stufe des Projekts hinausgekommen sind. Im Jahre 1242 z. B. unterhandelten die Lübecker längere Zeit mit dem deutschen Orden wegen einer Stadt, die im Samlande, unweit der Gegend, wo später (seit 1255) Königsberg lag, von ihnen angelegt und vom Orden mit besonderen Privilegien begabt werden sollte. Als aber die Lübecker ausblieben, nahm der Orden nach einigen Jahren alle seine Versprechungen wieder zurück.

Ihre Namen entlehnten die neuen deutschen Städte zu allermeist den slawischen oder sonstigen Ortschaften, an die sie sich anlehnten, indem sie teils die ursprüngliche Gestalt des Namens beibehielten, teils eine ähnliche, aber für Deutsche bequemere Form dafür einsetzten. Als Beispiel diene Rostock. Das slawische Wort rostoki oder roztoky — so heißen noch heute einige Dörfer in Böhmen und der Bukowina — bedeutet „Verbreiterung eines Wasserlaufs"; es paßte demnach sehr gut für den altslawischen Marktflecken, der einst gegenüber dem heutigen Rostock an der Stelle lag, wo der breite Unterlauf der Warnow beginnt. Als die deutsche Stadt angelegt wurde, beanspruchte sie den Namen für sich, und die slawische Niederlassung hieß seitdem nur noch „das alte Wiek" d. h. der alte Ort, bis sie 100 Jahre später von Rostock angekauft und bald darauf ganz abgetragen wurde. Anderswo blieben beide Orte nebeneinander bestehen und unterschieden sich in ihrer Benennung dadurch, daß der Name des wendischen Ortes den Zusatz „Dorf" erhielt oder mit dem Beiwort „Alt" versehen wurde, z. B. Alt-Patschkau, Alt-Lauban, Alt-Löbau. Wo man eine Stadt auf ganz freiem, nicht bereits von Eingeborenen besetztem Grunde aufbaute, da nannte man sie oft nach einem nahen Berg, Fluß, Wald oder dgl.; so Riga nach dem dort in die Düna mündenden Rigebach und Elbing nach dem Elbingfluß. Königsberg in der Neumark erhielt seinen Namen wahrscheinlich nach dem böhmischen König Wenzel, dem Schwiegervater des Markgrafen Otto III., während die gleichnamige Stadt in Ostpreußen zu Ehren des Königs Ottokar II. von Böhmen so benannt wurde und zugleich wohl auch in der Erinnerung an Orte dieses Namens in Deutschland und Palästina, die dem deutschen Orden nahe standen oder wenigstens bekannt waren. Manche Stadtnamen brachten die Kolonisten aus ihrer Heimat mit, z. B. den von Saalfeld in Ostpreußen, oder die Gründer wählten sie nach freiem Belieben, wie bei Neumarkt in Schlesien. Frankfurt a. O. und Preußisch-Holland bezeugen schon durch ihre Namen, daß ihre ersten Bewohner aus Franken, bezw. den Niederlanden stammten. Andere Benennungen waren durch besondere lokale Eigentümlichkeiten veranlaßt, wie Goldberg und Freiberg. Die Namen Marienwerder und Marienburg endlich weisen auf die Jungfrau Maria hin, der das Hospital des Deutschordens in Jerusalem geweiht war.

4. Die städtische Verfassung.

Jede neugegründete Stadt erhielt von vornherein „deutsches Recht", ein wichtiges Privileg, das sie von den Gemeinden der eingeborenen Bevölkerung aufs schärfste unterschied. Denn es verbürgte ihr eine Ausnahmestellung in Verfassung, Verwaltung und Rechtspflege und stellte ihre Bürger dem Landesherrn viel freier gegenüber als seine übrigen Untertanen. Gewannen sie doch damit die Befugnis, sich unter Leitung ihres Schulzen oder Vogtes, der gleich ihnen stets ein Deutscher war, von selbstgewählten Schöffen oder von Männern, die der Vogt berief, nach heimischer Weise Recht sprechen zu lassen — nur in schweren Kriminalfällen wirkte ein Vertreter des Landesherrn dabei mit —, ihre inneren Angelegenheiten unter derselben Leitung im wesentlichen selbständig zu verwalten und den Marktverkehr mit Zustimmung des Landesherrn so zu regeln, wie es daheim in den Städten des deutschen Mutterlandes Brauch und Herkommen war! Ihre Leistungen an den Gründer ihrer Stadt wurden gleich bei deren Anlage genau festgesetzt: jeder Einwohner entrichtete nach einer Reihe von Freijahren für die ihm angewiesene Hofstätte und für seinen Anteil an der Ackerflur einen geringen jährlichen Zins, außerdem gewöhnlich den Zehnten an die Kirche und bestimmte Abgaben für die Benutzung der öffentlichen Verkehrseinrichtungen. Im übrigen war er von all jenen zahlreichen Lasten, die die Eingeborenen unedlen Standes zu tragen hatten, vollständig frei und durfte auch seinen Besitz ziemlich ungehindert veräußern und vererben. Kriegsdienste leistete er insgemein nur dann, wenn der Feind ins Land einbrach, und namentlich insoweit, als es die Verteidigung seiner Stadt erforderlich machte. Auf solchen Grundlagen nun entwickelte sich in den verschiedenen Landschaften des Ostens, ja sogar in den verschiedenen Städten derselben Landschaft, ein recht mannigfaltiges Verfassungsleben, dessen Züge wechseln, je nachdem man schneller oder langsamer zu freieren Formen fortschritt und dabei diese oder jene Schichten der Bevölkerung die Führung der Geschäfte an sich zogen. Hierbei handelte es sich ganz besonders um die Stellung der Bürgerschaft zu ihrem Vogte und um die damit zusammenhängende Ausbildung der Ratsverfassung. Anfangs war der Vogt vermöge seines vorwaltenden Einflusses auf Verwaltung und Rechtspflege und vermöge seines großen Besitzes an Grundeigentum und allerlei Gerechtsamen (vgl. S. 52) die gewichtigste Persönlichkeit der Stadt und sein Wille in vieler Hinsicht maßgebend. Eben deshalb aber mußten, wenn Handel und Wohlstand in der Stadt wuchsen und mit ihnen auch das Selbstbewußtsein der Bürger stieg, die letzteren darauf ausgehen, sich seiner Gewalt allmählich zu entziehen und die Rechte, die er ursprünglich allein besessen hatte, an die Stadtgemeinde als solche zu bringen. Diese Bemühungen hatten jedoch erst dann Aussicht auf Erfolg, wenn sich aus der Masse der Bürger ein kleinerer Kreis von besonders angesehenen und wohlhabenden Familien heraushob, wenn dieser dann als Vertreter der Gesamtgemeinde dem Vogt rivalisierend gegenübertrat und ihm schließlich kraft solcher Stellung die Leitung der städtischen Geschäfte zu entwinden versuchte. Natürlich bestrebte sich die empordrängende Bürgerschaft, für diesen Kampf die Gunst und Hilfe ihres Landesherrn zu gewinnen, und das gelang ihr auch meistens durch ein Mittel, das den stets geldbedürftigen Fürsten gegenüber fast niemals zu versagen pflegte, nämlich durch Zahlung kleinerer oder größerer Geldsummen. Mitunter kaufte man auch wohl den Vogt selbst aus. So bildete sich nach und nach die ursprüngliche Verfassung der Stadt um. An ihre Spitze trat ein Rat, der sich gewöhnlich aus den Reihen der Großkaufleute oder der Kaufleute überhaupt zusammensetzte, und neben ihm stand in der Regel ein Schöffenkolleg, indes der Vogt zum einfachen Gerichtsvorsitzenden herabsank oder gar, wenn die Stadt auch die Besetzung dieses Amtes an sich brachte — das ist allerdings erst im 14. Jahrhundert geschehen — gänzlich zurücktrat. Die große Masse der nicht ratsfähigen Bürgerschaft gliederte sich, zuweilen schon früh, gewöhnlich aber erst nach und nach in langsamer Entwicklung, in Zünfte. Ja, schon gegen Ende des 13. Jahrhunderts tritt in manchen besonders weit vorgeschrittenen Städten, z. B. in Rostock, das Bestreben der letzteren zu Tage, auch ihrerseits Anteil am Stadtregiment zu erlangen und Männer aus ihrer Mitte in den Rat zu entsenden, ein Bestreben, das freilich damals noch keinen Erfolg hatte.

Mit den oben geschilderten Vorgängen hängt sehr wahrscheinlich auch die sog. „Verleihung" eines fremden Stadtrechts zusammen, von der in den Urkunden sehr oft die Rede ist. Gewöhnlich kommt dabei entweder das Stadtrecht von Magdeburg in Betracht oder das von Lübeck, sei es nun, daß es direkt von diesen Städten übertragen wurde oder indirekt durch Vermittlung älterer Kolonialstädte an jüngere. Meistens erfolgt eine solche formelle Verleihung erst geraume Zeit nach der Gründung der betreffenden Stadt, oft erst 10, 20, ja 30 und mehr Jahre nachher. Sie hat aber keineswegs die Bedeutung, als ob nun sämtliche Rechte und Privilegien von Magdeburg oder Lübeck oder der vermittelnden Stadt auf die jüngeren Städte übergehen sollten, sondern sie will bloß sagen, daß diese oder jene Errungenschaft der älteren Orte, besonders die Rechtsgrundsätze, die in ihrem Gerichtsverfahren maßgebend sind, sowie manche Verwaltungsprinzipien, namentlich bezüglich der Zusammensetzung und Kompetenz des Ratskollegiums, auch in den jüngeren Städten Geltung haben sollen. Welche Rechte im einzelnen damit gemeint sind, ist sehr oft nicht mehr zu erkennen. Aber durchgängig war es üblich, daß die also bewidmete Stadt die andere, von welcher sie ihr sog. Recht erhielt, in der Folgezeit als Oberhof ehrte d. h. ihr Gericht als höhere Instanz betrachtete und sich bei ihm in schwierigen Fragen des Rechts und der Verwaltung Rat holte. Die Verwaltung war damals, wie überhaupt im Mittelalter, von der Justiz durchaus nicht klar geschieden, auch nicht die richterlichen Befugnisse der Schöffen, wo es solche gab, von denjenigen der Ratmannen. Die Zahl der letzteren und der Schöffen schwankte erheblich; doch finden wir gegen Ende des 13. Jahrhunderts meistens 6 bis 12 Mitglieder des Rates und 12 Mitglieder der Schöffenbank. Ob Lübecker oder Magdeburger Recht verliehen werden sollte, darüber entschied der Landesherr wesentlich nach der Herkunft der betreffenden Bürger. Daher begegnet uns das erstere an der ganzen Ostseeküste, das letztere im südlichen Binnenlande (vgl. S. 53). Einige Städte, wie Riga und durch dessen Vermittlung fast alle Orte in Liv-, Est- und Kurland, entlehnten ihr Recht von Hamburg. Selten nur hat eine Stadt ein ganz eigentümliches, selbständiges Recht entwickelt. So schuf Freiberg in Sachsen sein berühmtes Bergrecht, das in kurzer Zeit für die bergbautreibenden Distrikte von halb Europa maßgebende Bedeutung gewann.

Der Unterschied zwischen dem Lübecker und dem Magdeburger Recht betraf insbesondere die Stellung des Rates und die Gerichtsverfassung. Das erstere ging in seinen Grundlagen auf das westfälische Recht von Soest zurück (s. o. S. 21), war aber durch Privilegien Heinrichs des Löwen, Friedrichs I. und Friedrichs II., sowie durch Ratsverordnungen nach vielen Richtungen hin erweitert worden. Das Magdeburger Recht rührte zu einem guten Teile von dem großen Privileg her, das Erzbischof Wichmann im Jahre 1188 seinen Bürgern verlieh, und hatte sich ebenfalls späterhin fortentwickelt. Gegen Ende des 13. Jahrhunderts war der Inhalt des lübischen Rechts der Hauptsache nach folgender: An der Spitze der Stadt stehen der Vogt und die Ratsherren. Der Vogt, ursprünglich vom Kaiser, später vom Rate ernannt, hält unter dem Beisitz zweier Ratsherren Gericht und bekommt die eine Hälfte der Bußen, während die andere der Stadt zufällt. Das Urteil findet einer der umstehenden Bürger, welchen der Vogt fragt und welcher bei schwerer Strafe gehalten ist, gewissenhaft zu antworten. Die 24 Mitglieder des Rates bleiben lebenslänglich im Amt, sind aber abwechselnd jedes dritte Jahr von der Teilnahme an den Sitzungen befreit. Nie sollen gleichzeitig Vater und Sohn und nie auch zwei Brüder dem Rate angehören. Desgleichen darf niemand Ratmann sein, der ein Amt von einem Herren d. h. einem Adeligen hat, der seinen Unterhalt durch ein Handwerk gewinnt, der von unechter Geburt oder ohne Eigenbesitz in der Stadt ist. Der Rat darf rechtsgültige Verordnungen erlassen, er entscheidet als Gerichtshof in allen Fällen, wo solche Verordnungen übertreten sind oder wo es sich um besonders wichtige Dinge handelt, er besteuert die Bürger, verwaltet die Münze, gibt Maß und Richtschnur für Neubauten an und regiert überhaupt die Stadt mit unbeschränkter Machtbefugnis. Die Bürger haben freie Verfügung über ihre Person und ihr Eigentum, nur darf niemand der Kirche Immobilien vermachen, sondern bloß den Erlös, der sich aus ihrem Verkaufe ergibt. Das war eine kluge Bestimmung, die sich auch in den Städten des preußischen Ordenslandes und in Livland wiederfindet und die eine Ansammlung großen städtischen Grundbesitzes in der toten Hand und damit zugleich eine Schwächung der städtischen Wehrkraft verhüten sollte. Die Lübecker sind ferner dem Reiche gegenüber frei vom Kriegsdienst und nur verpflichtet, bei ihrer eigenen Befestigung zu stehen, d. h. ihre Stadt zu verteidigen. Sie genießen Zollfreiheit in dem Herzogtum Sachsen und anderen benachbarten Ländern, deren Fürsten ihnen dieses Vorrecht verliehen haben. Wer sich Jahr und Tag unangefochten in der Stadt aufgehalten hat, ist für immer frei, auch wenn er früher im Stande der Unfreiheit gewesen. Zieht jemand in die Stadt, so hat er binnen drei Monaten das Bürgerrecht zu erwerben. Die Handwerker, die korporativ vereinigt sind, genießen das Recht der „Morgensprache", d. h. das Recht, sich zeitweilig zu versammeln, ihre Vorsteher zu wählen, Streitigkeiten untereinander beizulegen und allerlei Abmachungen über ihr Gewerbe zu treffen; doch unterstehen sie dabei der Aufsicht des Rates und dürfen nichts gegen das Wohl der Stadt beschließen. — Außerdem galten noch viele einzelne Bestimmungen über Ehe- und Erbrecht, Diebstahl, Verleumdung, falsches Maß und Gewicht, Art des Zeugenbeweises u. a. m.

So das Recht von Lübeck. In Magdeburg gab es, im Unterschiede von Lübeck, von jeher ein besonderes Schöffenkolleg, und in dessen Händen lag ursprünglich außer der Rechtsprechung auch die Stadtverwaltung. Die Zahl seiner Mitglieder betrug 12, und ihr Amt wurde ihnen auf Lebenszeit übertragen. Im Anfang des 13. Jahrhunderts — urkundlich erst 1244 — taucht neben ihnen ein Stadtrat auf, der ebenfalls 12 Mitglieder zählt und die Macht der Schöffen bald mehr und mehr zu beschränken versteht. Schließlich bleibt ihnen nur noch die Befugnis, über schwere Strafsachen und Schuldklagen zu entscheiden. Dagegen richtet der Rat über alle anderen Fälle und reißt alle Verwaltungsgeschäfte an sich. Er beaufsichtigt auch anfangs die Innungen, doch schon in der zweiten Hälfte des 13. Jahrhunderts erringen auch sie sich einen gewissen Anteil an der Stadtregierung und setzen es durch, daß bei bestimmten Sachen wenigstens die Vorsteher der fünf sog. großen Innungen — Tuchhändler, Kürschner, Schuster, Gerber und Leinwandhändler — mitzusprechen haben. Übrigens amtieren in Magdeburg die Ratmannen nur ein Jahr und übergeben dann die Verwaltung ihren Nachfolgern, die sie jedoch selber, gewöhnlich am Aschermittwoch, zu wählen haben.

Nach diesen beiden Rechten haben also die Deutschen im Nordosten, freilich mit sehr vielen Änderungen im einzelnen, ihre städtischen Gemeinwesen eingerichtet. Im allgemeinen darf man sagen, daß die Freiheiten einer Stadt um so rascher wuchsen, je schneller sie selbst sich zu Wohlstand und Bedeutung aufschwang und dadurch in die Lage kam, sich allerlei Vorrechte zu erkaufen. So hat z. B. Breslau weit früher als andere schlesische Städte das Recht der freien Ratswahl gewonnen. Was speziell die preußischen Städte betrifft, so erhielten sie schon sehr früh, im Jahre 1233, von dem Orden ein eigentümliches Grundgesetz in der berühmten „Kulmer Handfeste", die teils ihre Stellung gegenüber dem Orden und der Landesgeistlichkeit, teils die Vergebung von ländlichem Grundbesitz an die Bürger regelte und im wesentlichen auch noch längere Zeit später in Geltung blieb. U. a. war darin bestimmt, daß die Wahl der Ratsherren und sonstigen städtischen Beamten der Bestätigung von seiten des Landesherrn — Ordens oder Bischofs — unterliege, daß jedes Bürgererbe als Rekognitionsgebühr, d. h. zur Anerkennung der Landesherrschaft, einen gewissen Zins — anfangs jährlich ein Pfund Wachs und einen kölnischen Pfennig, gleich 30 Pfennigen unserer Währung — entrichten müsse, daß an jeder Gerichtssitzung innerhalb der Städte ein Vertreter des Ordens oder Bischofs, gewöhnlich ein Hauskomtur, bezw. Vogt, teilnehmen solle und dieser in Kriminalfällen, wo es um Hals und Hand gehe, um seine Zustimmung zu bitten sei. Im übrigen aber galt auch in Preußen, wie sonst, wesentlich das Recht von Lübeck oder Magdeburg.

5. Ackerbau, Handel, Gewerbe und äußere Beziehungen.

Das Gedeihen einer neuen Stadt hing, abgesehen von der Gunst ihres Landesherrn, in erster Linie davon ab, ob die speziell bürgerlichen Nahrungszweige, Handel und Gewerbe, in ihr einen günstigen Boden fanden. Der Ackerbau spielte besonders im Anfang eine ziemlich untergeordnete Rolle; er erhielt erst dann einige Bedeutung, wenn die Städte zur Vergrößerung ihrer Feldmark benachbarte Dörfer an sich brachten oder aber umwohnende Bauern und Grundherren sich durch die größere Sicherheit, die ihnen die Städte boten, dazu verlocken ließen, freiwillig in diese überzusiedeln und von hier aus, nachdem sie das Bürgerrecht erworben, ihre Äcker weiter zu bewirtschaften. Dieser Vorgang erklärt auch zum Teil das schnelle Anwachsen der städtischen Bevölkerung schon im Laufe des 13. Jahrhunderts, sowie andererseits die Existenz der zahlreichen Wüstungen, die uns schon für diese Zeit auf städtischen Gemarkungen bezeugt sind. Indem sich die Fluren der eingegangenen Dörfer mit denen der Städte zusammenschlossen, erreichte vieler Orten bereits gegen das Jahr 1300 das städtische Weichbild denselben Umfang, den es noch heute besitzt. Damals wie jetzt umfaßte z. B. die Gemarkung von Görlitz etwa einen Flächenraum von 1500 ha, und das Stadtgebiet von Riga erstreckte sich schon 1270 — also etwa 70 Jahre nach der Gründung der Stadt — über ein Areal von etwa 750 qkm, die größte Ausdehnung, die es je gehabt hat. Indessen standen diejenigen Bürger, deren Hauptbeschäftigung der Ackerbau blieb, doch immer hinter den übrigen an Bedeutung und Menge zurück, vielfach auch an Rechten, wie sie denn z. B. in Neu-Ruppin ausdrücklich von der Ratsfähigkeit ausgeschlossen waren; nicht wenige von ihnen gingen daher auch zu eigentlich städtischer Hantierung über. Denn den Kern und Hauptteil der Bürgerschaft bildeten doch überall die Kaufleute und Handwerker, und gerade sie bemühten sich die Stadtherren recht zahlreich herbeizulocken, indem sie ihnen Zollfreiheit in ihren Landen versprachen und sonstige Vorteile in Aussicht stellten. Ihnen vor allem sollten auch die mancherlei Verkaufsstätten dienen, wie das Kaufhaus mit seinen Kammern und die Bänke und Buden, die man gleich nach der Gründung der Stadt auf und an dem Marktplatze zu errichten pflegte. Jene Kammern wurden gewöhnlich an die Gewandschneider, d. h. Tuchhändler, verpachtet, die Bänke und Buden dagegen an die Krämer, Fleischer, Bäcker und Schuhmacher, mitunter auch wohl an Kürschner und andere Handwerker, die dort ihre Waren feilbieten sollten. Man erbaute diese Verkaufsstätten wesentlich aus polizeilichen und finanziellen Gründen, um die Beschaffenheit der Waren und ihren Umsatz leichter kontrollieren zu können, zugleich aber auch, um durch ihre Verpachtung bedeutende Einkünfte zu erzielen. Letztere fielen entweder dem Landesherrn allein zu oder wurden zwischen ihm, dem Unternehmer und der Stadt gleichmäßig geteilt. Gewöhnlich gelang es den Städten aber bald, sie ganz für sich zu erwerben, ebenso die Zölle, die etwa der Landesherr in ihrer Nähe erheben ließ. Nicht selten erhielten ferner die neuen Städte gleich anfangs das sog. Meilenrecht, d. h. das Privileg, daß im Umkreis einer Meile kein städtisches Gewerbe getrieben und keine Schenke angelegt werden dürfe. Ja einzelne, wie Breslau, erfreuten sich schon in der zweiten Hälfte des 13. Jahrhunderts des Rechtes der „Niederlage“ oder „Stapelrechts“, wonach alle Waren, die das betreffende Land, also in diesem Falle das Herzogtum Breslau, passierten, nur in ihnen allein zum Verkauf gestellt werden durften, zugleich aber auch zum Verkauf gestellt werden mußten. Je nach der Gunst ihrer Lage und der Betriebsamkeit ihrer Bewohner entwickelten sich natürlich die einzelnen Städte sehr verschieden. Die eine trieb vorwiegend Gewerbe, die andere Land- oder Seehandel, die dritte beides in gleichem Grade, die vierte daneben noch viel Ackerbau und Viehzucht usw. Ein bedeutender Großhandel konnte selbstverständlich stets nur unter besonders günstigen Umständen erblühen, und zwar bei dem Mangel an guten Landstraßen und bei den unzureichenden Transportmitteln jener Zeit am leichtesten an der Küste.

Das glänzendste Beispiel einer großartigen Handelstätigkeit bot schon in früher Zeit Lübeck dar, die hervorragendste unter allen unseren ostdeutschen Kolonialstädten, zugleich eine der bevölkertsten Städte des damaligen Deutschlands überhaupt. Lübeck lag im innersten südwestlichen Winkel der Ostsee, an jener Stelle, wo die Trave noch größere Seeschiffe tragen konnte und zugleich der Landweg von Holstein nach Mecklenburg sie kreuzte. Daher war es der nächste Ostseehafen für alle Auswanderer, die von dem Niederrhein, Friesland, Westfalen und Niedersachsen kamen, gleichzeitig aber auch der günstigste und jahrzehntelang einzige Ausgangspunkt für alle Unternehmungen nach Skandinavien hin und endlich der geeignetste Platz für die Einfuhr sämtlicher Waren, die von Nord- und Osteuropa nach dem Westen vertrieben werden sollten. Dazu genoß es, wie schon erwähnt ist, eine besonders wohlwollende Förderung seitens seiner Landesherren und später der deutschen Kaiser und erlangte schon bald wertvolle Vorrechte für seinen Handel nach dem In- und Auslande und eine fast ganz unabhängige Stellung gegenüber dem Reiche. Als es dann stark genug geworden war, um auf eigenen Füßen stehen zu können, da wußte Lübeck, wie kaum eine zweite Stadt, durch kluge Unterhandlungen oder, wenn nötig, durch Gewalt den Schatz seiner Privilegien beständig zu mehren und seine Handelsbeziehungen schließlich auszudehnen bis nach Frankreich im Westen und nach Nowgorod im Nordosten. Die Urkunden Lübecks aus dem 13. Jahrhundert, die dank ihrer sorgsamen Aufbewahrung noch jetzt großenteils vorhanden sind, gewähren uns ein anschauliches Bild von der außerordentlichen Rührigkeit seiner damaligen Bewohner. Es verging fast kein Jahr, ohne daß sie sich bald hier, bald dort, in Rußland und Polen, in Livland und Schweden, in Norwegen und Dänemark, in England und Schottland, in Flandern und Frankreich, neue Handelsvorrechte auswirkten oder wenigstens alte bestätigen ließen. Aus Rußland holten die lübischen Großhändler eine Menge von Rohstoffen jeder Art, namentlich Wachs, Pelzwerk, Felle, Haare, Leder, Schmalz, Tran, Harz und Teer; sie erwarben sie im Eintausch gegen Tuche jeglicher Sorte und Herkunft, besonders aus den Niederlanden und der Mark Brandenburg, ferner gegen Leinwand, Garn, Handschuhe, Nadeln, Saffianleder, Rosenkränze, Pergament, Salz, Wein, Metalle, ja, als einst in Rußland Hungersnot herrschte, sogar gegen Getreide. Gegenstand des lübischen Handels mit Schweden war besonders das Kupfer und Eisen der dortigen Bergwerke. Norwegen war gleich Rußland ein williger Abnehmer deutscher Industrieerzeugnisse und bot dafür Kabliau, Schellfische und namentlich Heringe. Ungleich wichtiger aber für diesen letzeren Artikel, die Heringe, war die Südküste des heute schwedischen, damals aber dänischen Landes Schonen. Dort herrschte an dem südwestlichen Vorsprunge der Küste, zwischen den beiden Orten Skanör und Falsterbo, alljährlich zur Zeit des Heringsfanges, im August bis Oktober, ein äußerst geschäftiges Leben und Treiben. Die deutschen Kaufleute brachten ganze Handelsflotten voll Waren zu Markte — den Dänen fehlte es noch an einem eigenen Handwerks- und Kaufmannsstand — und erwarben dafür von den Dänen ungeheure Massen getrockneter und gesalzener Heringe, die infolge der zahlreichen kirchlich gebotenen Fasten überall in Deutschland in großen Mengen verbraucht wurden. Jede größere deutsche Seestadt hatte ihren besonderen Lagerplatz auf Schonen, Fitte genannt, aber den ansehnlichsten wiederum Lübeck. Er lag bei Falsterbo und war mit einer Kirche verbunden, die den Deutschen auch als Begräbnisstätte diente. Erst seit dem Jahre 1559 wandte sich der Zug der Heringe mehr nach der Westküste von Norwegen, und seitdem verödete der früher so lebhafte Marktverkehr auf Schonen. — England, das im 13. Jahrhundert noch sehr wenig Schiffahrt und Gewerbe trieb, brachte fast ausschließlich Wolle, Häute und Metalle auf den Markt und bezog dafür flandrische Tuche, rheinischen Wein und anderes. Aus Flandern endlich und Nordfrankreich führten die Lübecker feine Tuche und Teppiche aus, sowie alles, was der Süden auf den dortigen Markt lieferte, Gewürze, Feigen, Mandeln, Rosinen, Reis und Baumwolle.

Zu Lande liefen von Lübeck drei Hauptstraßen aus, nach Hamburg im Südwesten, nach Mecklenburg im Osten und über die Elbe nach Lüneburg im Süden. Hier schieden sich dann die Wege nach Magdeburg, Braunschweig, Hannover und Westfalen. Solcher Haupthandelsstraßen sind uns aus dem Osten noch mehrere bekannt. An sie war der Verkehr ein für allemal gebunden, teils um die Zolleinkünfte der Landesherren sicher zu stellen, teils um die reisenden Kaufleute besser schützen zu können; niemand durfte sie bei hoher Strafe umgehen und etwa einen Nebenweg einschlagen, um eine Zollstätte zu vermeiden. Eine vielbenutzte Straße dieser Art führte z. B. vom preußischen Ordenslande durch Großpolen nach dem mittleren Deutschland; sie berührte die Städte Thorn, Gnesen, Posen, Bentschen und Guben und besaß, soweit sie durch Polen ging, drei Zollstätten, an denen die Kaufleute einen bestimmten Teil vom Werte ihrer Waren als Zoll zu entrichten hatten. Der Verkehr auf ihr und die Abgaben waren für den Orden und seine Untertanen durch einen Vertrag, den er schon im Jahre 1238 deshalb mit Polen abgeschlossen hatte, genau geregelt.

Einen so ausgebreiteten Handel wie Lübeck hatte nun freilich nicht einmal eine zweite Stadt im Mutterlande, geschweige denn im eben erschlossenen Osten, aufzuweisen. Am nächsten kamen ihm hier wohl an der Küste Rostock, Stralsund, Stettin, Elbing und Riga und im Binnenlande Breslau, Posen, Thorn, Görlitz und Freiberg. Vor allem Breslau scheint schon um 1260 eine recht ansehnliche Handelsstadt gewesen zu sein; es hatte Verbindungen nach allen Seiten, nach Norden (z. B. Thorn und Danzig), nach Westen (über Liegnitz, Görlitz, Leipzig, Erfurt), nach Südwesten (über Prag und Nürnberg nach den Rheinlanden), nach Südosten (besonders nach Krakau und den Salzbergwerken von Wieliczka) und Osten. Freiberg in Sachsen brachte schon im 13. Jahrhundert große Mengen Silberbarren auf den Markt und führte sie zum Teil weithin aus, z. B. auf die verschiedenen Messen der Champagne. Die meisten übrigen Städte führten aber vorläufig noch ein bescheidenes Dasein und begnügten sich damit, die eigenen Bürger und die Bewohner der umliegenden Burgen und Dörfer mit den Waren zu versehen, die sie selbst produzierten oder aus der Ferne einführten. Das Handwerk arbeitete zwar wie der Handel mit verhältnismäßig großem Gewinn, aber fast bloß für den lokalen Bedarf; nur die Tuchweber der märkischen Städte lieferten Tuche in großen Massen für den Export nach Osten und Westen, und auch die Schuhmacher von Perleberg scheinen ausnahmsweise Material für eine bedeutende Ausfuhr nach den anderen Orten der Mark produziert zu haben.

Überhaupt haben wir uns die Verhältnisse der Kolonialstädte des 13. Jahrhunderts im Vergleich mit den heutigen Zuständen recht einfach und beschränkt zu denken; ihre Bedeutung ist eben eine durchaus relative und nur vom Standpunkt jener Zeiten aus richtig zu würdigen. Mehr als einige Hundert Einwohner zählten ganz gewiß nur wenige bevorzugte Orte, darunter in erster Linie Lübeck, das wahrscheinlich schon in der zweiten Hälfte des 13. Jahrhunderts gegen 10000 Einwohner erreichte, mit solch hoher Volksziffer jedoch alle übrigen Städte des Ostens weit überragte. Aber dementsprechend war ja auch damals das ganze Land diesseit und besonders jenseit der Elbe weit schwächer bevölkert als in der Gegenwart, so daß z. B. Livland und seine Nachbargebiete kaum ein Viertel ihrer jetzigen Einwohner zählten. Erst das 14. Jahrhundert brachte ein schnelles Anwachsen der Volkszahl in den Städten des deutschen Ostens. Während z. B. im Jahre 1293 die sog. wendischen Städte miteinander verabredeten, daß im Kriegsfall Lübeck 100, Rostock 70, Stralsund 50, Greifswald und Wismar je 38 Mann zur gemeinsamen Kriegsmacht stellen sollten, treffen wir etwa 70 Jahre später, 1361, in einem ähnlichen Vertrag viel größere Zahlen, nämlich 600, 400, 400 und 200, und wennschon letztere Summen außer Bürgern auch Söldner mitrechnen mögen, so ist doch auf jeden Fall eine bedeutende Erstarkung der Städte daraus klar zu ersehen. In Riga galt im Jahre 1287 ein Heer von 450 Mann noch als sehr stark; dabei machten die Bürger nur einen Teil desselben aus. Indessen solche nach unseren Begriffen kleine Zahlen hinderten nicht, daß sich diese jungen Pflanzstädte in rühmlichem Kampfe emporarbeiteten, in einem Kampfe, der nicht allein auf wirtschaftlichem Gebiet auszufechten war, sondern oft genug auch auf politischem, sei es nun, daß fremde Fürsten ihrer wachsenden Macht eifersüchtig in den Weg traten oder daß die einheimische Bevölkerung die deutschen Eindringlinge in wütendem Aufruhr überfiel, um sie wieder zu vertreiben. Wie viel hatte beispielsweise Riga in den ersten Jahrzehnten seines Bestehens von den Völkern der Nachbarschaft zu leiden, den Liven, Esten, Kuren und Litauern, wie oft erhoben sich die heidnischen Preußen allein oder im Bunde mit Litauern und Russen gegen die Herrschaft des deutschen Ordens! Im großen Aufstand der Jahre 1260—73 fielen die Städte Christburg, Rheden und Löbau einmal, Marienwerder sogar zweimal völliger Zerstörung anheim, während Thorn wenigstens in die größte Gefahr geriet und Elbing durch Hinterlist der Gegner einen großen Teil seiner Bürger einbüßte. Aber die Verluste wurden wieder ersetzt, die Städte neu aufgebaut. Und schon frühzeitig ergriffen die bedrohten Bürger auch dasjenige Mittel, das solche Gefahren am ehesten siegreich zu überwinden versprach, nämlich den Zusammenschluß zu größeren Vereinigungen. Insbesondere gingen die Seestädte, wie Lübeck und die übrigen wendischen Orte, schon um die Mitte des 13. Jahrhunderts zeitweilig Bündnisse miteinander ein, um die Störer ihres Handels mit gesammelter Kraft zurückzuweisen. Mit ihnen gingen bald auch die preußischen und livischen Städte Hand in Hand, und so wurde der Grund zu dem späterhin so machtvollen Hansabund bereits im 13. Jahrhundert gelegt.

6. Zustände im Innern.

Die gesellschaftliche Gliederung und Wertschätzung der Stadtbürger hing im Osten ebenso wie in Westdeutschland fast ausschließlich von der wirtschaftlichen Bedeutung und dem Wohlstand der einzelnen Berufsklassen ab. Daher gaben in den Seestädten die Großkaufleute den Ton an, in den Städten des Binnenlandes dagegen, da hier deren Zahl meist gering war, die Kaufleute in ihrer Gesamtheit, die sich gewöhnlich aus Großhändlern, Gewandschneidern, d. h. Tuchhändlern, und aus Krämern zusammensetzte. In der Mark Brandenburg und zum Teil auch in Schlesien übertraf die Korporation der Gewandschneider alle übrigen an Stärke oder Reichtum; sie bildete deshalb dort den Kern eines städtischen Patriziats, aus dessen Reihen lange Zeit hindurch die Mitglieder des Rats allein hervorgingen. Auf eine Stendaler Tuchhändlerfamilie führt u. a. auch aller Wahrscheinlichkeit nach der Stammbaum der Fürsten Bismarck zurück;

jene Familie gab der Stadt Stendal mehrere Ratsherren und erlangte um die Mitte des 14. Jahrhunderts die Ritterwürde. Die große Masse der Bürgerschaft bestand fast überall aus Handwerkern und gliederte sich, hier früher, dort später, in Innungen oder Zünfte, deren viele allerdings erst nach dem Jahre 1300 entstanden sind. Den Tuchhändlern zunächst folgten auf der sozialen Stufenleiter gewöhnlich die Wollenweber. Sie waren besonders in den märkischen Städten sehr zahlreich und gerieten hier auch schon frühzeitig mit den Gewandschneidern in erbitterte Kämpfe um das Recht des Tuchverkaufs im kleinen. Unter den anderen Gewerken, die sich oft erst beträchtlich später als die Weber organisierten, ragten namentlich die Fleischer, Bäcker, Schuhmacher und Kürschner hervor. Nicht selten vereinigten sich verwandte Gewerbe zu einer einzigen Zunft, z. B. die Gerber mit den Schuhmachern. Im Gegensatz zu den altdeutschen Städten waren die Handwerker im Osten von Haus aus sämtlich freie Leute, aber trotzdem wurde es ihnen nicht leicht gemacht, aus den Zünften zum Patriziat emporzusteigen. In Stendal z. B. mußten diejenigen, welche in die vornehme Gilde der Kaufleute und Gewandschneider aufgenommen werden wollten, zuvor ihr Handwerk feierlich abschwören und eine hohe Summe als Eintrittsgeld erlegen. Am tiefsten in der öffentlichen Achtung standen unter den Handwerkern vieler Orten die Leinenweber; sie galten als „unehrlich" und unzünftig, vielleicht deshalb, weil sich ihrem Gewerbe besonders gern Bauern und Slawen zuwandten. In Hinsicht auf letztere Tatsache ist es überhaupt merkwürdig, mit welchem Stolz die Deutschen in der Regel auf Slawen und andere Nichtdeutsche herabsahen, soweit diese nicht adliger Geburt waren. Sie nahmen sie grundsätzlich nicht in ihre Zünfte auf, ließen sie meist nur zu niederen Dienstleistungen in ihren Städten zu und versagten ihnen fast durchweg den Mitgenuß des deutschen Rechts. Daß man sich auch von den Juden abschloß, besonders in Polen, versteht sich von selbst, denn hier wurde der nationale Gegensatz durch den Unterschied des religiösen Bekenntnisses noch bedeutend verschärft.

Während im Handwerk noch der Kleinbetrieb herrschte und kaum erst die Anfänge der Bildung eines besonderen Gesellenstandes bemerklich waren, das Geschäft zwar seinen Mann ganz ausreichend nährte, aber doch keine großen Überschüsse brachte, warf die Tätigkeit des Kaufmanns, besonders der Tuchverkauf und der Exporthandel, schon einen recht erheblichen Gewinn ab. Gegen Ende des 13. Jahrhunderts finden wir bereits in vielen Städten einzelne Bürger im Besitz bedeutenden Reichtums, durch den sie z. B. imstande waren, ganze Dörfer der Umgegend ihren Grundherrn abzukaufen, Wohltätigkeit in großem Stil zu üben und ihrer Vaterstadt ansehnliche Schenkungen zu machen. Als Beispiel sei der Görlitzer Bürger Heinrich vom Dorfe erwähnt. Er setzte für den Fall seines Todes den Kirchen und Hospitälern von Görlitz namhafte Summen aus und bestimmte, daß schon zu seinen Lebzeiten der Marktzoll, den er vom Rate erworben hatte, den Verkäufern nahezu ganz erlassen sein sollte.

Marienkirche und Rathaus in Lübeck.
Nach „Lübeck, seine Bauten und seine Kunstwerke".

Fast jede Stadt besaß für die Zwecke der Kranken- und Armenpflege Hospitäler, und zwar gewöhnlich zwei. Das eine nahm nur Aussätzige auf und lag regelmäßig, um eine Ansteckung zu verhüten, draußen vor den Toren. Ferner setzten die Bürger eine Ehre darein, möglichst bald eine recht stattliche Pfarrkirche zu errichten. Da es an Bruchsteinen im norddeutschen Tieflande überall fehlt, so holte man das zum Bau der Kirchen und Rathäuser notwendige Material oft aus weiter Ferne, z. B. Basalt und Tuffsteine aus Schottland und gotländische Fliesen aus Wisby. Im übrigen aber behalf man sich zumeist mit Backsteinen, und aus deren Anwendung ergab sich jene eigentümliche, hohe und weite Räume bevorzugende Bauweise gotischen Stiles, wie wir sie an der prächtigen Marienkirche in Lübeck bewundern und an ihren zahlreichen Nachbildungen in Dobberan, Wismar, Rostock und anderen Orten. Sehr schnell erstanden in vielen Städten auch Klöster, namentlich der Franziskaner und Dominikaner, die bei den Bürgern besonders beliebt waren. Beginenkonvente (s. S. 154) werden z. B. in Lübeck (fünf im Zeitraum von 1260 bis 1300), Rostock, Breslau, Schweidnitz und Neiße erwähnt.

Die Privathäuser waren zum allergrößten Teile einfache Holzbauten, ohne Schmuck und Bequemlichkeit, ohne Öfen und Schornsteine und durchsichtige Fensterverschlüsse. Das leicht entzündliche Baumaterial verursachte sehr oft verderbliche Feuersbrünste. So sank Riga in den Jahren 1215 und 1297 zweimal in Asche, und ein ähnliches Schicksal traf zur selben Zeit Glogau, Rostock, Lübeck und viele andere Städte. Um solchen Gefahren vorzubeugen, verordnete der Rat von Lübeck im Jahre 1276, man solle die Gebäude fester aufführen, mit Brandmauern und feuersicherer Bedachung. Seitdem wurden daselbst die Backsteinhäuser viel zahlreicher als früher, und es kam auch kein größerer Brand wieder vor, aber in den kleinen Städten blieb es bis zum Ausgang des Mittelalters, ja vielfach bis in unsere Tage beim Fachwerkbau mit Lehm- oder Backsteinfüllung. — Neben den häufigen Bränden waren Pest und Hungersnot schlimme Geißeln der Menschheit. Beide zugleich suchten z. B. im Jahre 1264 nach einem sehr strengen Winter Schlesien heim und zwar in solchem Grade, daß allein in Jauer über 1100 Einwohner umgekommen sein sollen. Die verheerenden Epidemien wurden zum Teil durch die Unsauberkeit der Straßen und Plätze begünstigt, wenn schon mit Wahrscheinlichkeit anzunehmen ist, daß man diese im Osten wegen des meistens undurchlässigen Bodens früher zu pflastern begann als im altdeutschen Westen. Von Lübeck wenigstens wissen wir, daß es schon bald nach dem Jahr 1300 mit der Pflasterung einiger Hauptstraßen den Anfang machte. Es legte auch bereits um 1291 eine Wasserleitung an, die durch ein Räderwerk aus einem nahen Fluß, der Wakenitz, das Wasser in die Stadt schaffte.

Die Volksbildung stand noch auf einer sehr niedrigen Stufe. Von Schulen ist wenig die Rede, und wo es eine solche gab, war es meist eine Lateinschule an einer bischöflichen Kirche oder einem Kloster, von Geistlichen geleitet und fast ausschließlich dazu bestimmt, junge Leute zu Klerikern heranzubilden. Immerhin kamen jedoch seit der Mitte des 13. Jahrhunderts auch schon Stadt- oder Ratsschulen auf, z. B. in Lübeck, Rostock, Elbing, Brieg, Schweidnitz, Leobschütz und Breslau. Die Bürger der letztgenannten Stadt klagten im Jahre 1267 einem gerade anwesenden päpstlichen Legaten, daß ihre Kinder, die die Domschule jenseit der Oder besuchten, wegen des weiten Weges und des Gedränges, namentlich auf der Brücke, mancherlei Gefahren ausgesetzt seien, und baten um die Erlaubnis, eine eigene Schule gründen zu dürfen. Nachdem der Bischof und das Domkapitel ihre Zustimmung gegeben hatten, wurde ihnen denn auch vom Legaten gestattet, in Breslau neben der Kirche zu Maria Magdalena eine Stadtschule zu errichten. Darin sollten die Knaben das Alphabēt, das Vaterunser und den englischen Gruß nebst dem Symbolum und dem Psalter, sowie dem Kirchengesang lernen und ferner noch den Donat, Cato, Theodul und die regulae pueriles hören; wer aber höher hinaus wolle, der solle sich nach der Domschule oder sonst wohin wenden. Aber auch an den Ratsschulen waren damals die Lehrer Geistliche. Solche dienten anfänglich auch als Stadtschreiber, und nicht selten bekleidete eine und dieselbe Person beide Ämter zugleich. Geistliche besorgten außerdem die Schreiberei in den Münzstätten, denn die Laien konnten in der Regel weder lesen noch schreiben, nicht einmal die Kaufleute. So diente z. B. den Kaufleuten im deutschen Hof zu Nowgorod ein Geistlicher als Schreiber ihrer Geschäftsbriefe. Aus demselben Grunde behalf sich auch die große Mehrzahl der Städte noch ohne geschriebene Rechtsbücher, und nur selten wurde das Recht einer Stadt einer anderen auf schriftlichem Wege mitgeteilt, wie Breslau 1261 von Magdeburg und Elbing zweimal von Lübeck. Das erste Lübecker Rechtsbuch vom Jahre 1240 ist lateinisch abgefaßt, das zweite, ungefähr vom Jahre 1265, hingegen deutsch, ein Beweis, daß schon damals die deutsche Sprache im Begriff war, die lateinische aus den Urkunden und sonstigen Aufzeichnungen zu verdrängen.

Das Verhältnis der damaligen Preise zu den heutigen läßt sich aus vielen Gründen nicht recht ermitteln. Nur so viel steht fest, daß das Geld einen weit höheren (mindestens sechsfachen) Wert hatte als jetzt. Man prägte überall im Osten bloß Brakteatenpfennige, d. h. einseitig gestempelte Blättchen aus Silberblech, nach verschiedenem Münzfuß, also auch verschiedenen Wertes. Der preußische und schlesische Pfennig hatte einen Mittelwert von ungefähr vier, der lübische von etwa acht Pfennigen unserer heutigen Währung. Wegen ihrer Zerbrechlichkeit und aus fiskalischen Gründen, um daraus Einnahmen zu erzielen, wurden die Pfennige sehr oft erneuert, in Schlesien z. B. wenigstens einmal in jedem Jahre. Das Münzrecht stand ursprünglich nur dem Landesherrn zu, gelangte aber in einigen Städten schon während des 13. Jahrhunders an den Rat. Größere Beträge zahlte man in Barren aus Gold oder Silber; das Wertverhältnis dieser beiden Metalle war im Durchschnitt 10:1. Besser als die Preisverhältnisse ist uns der Zinsfuß bekannt, er betrug gewöhnlich 10—12 %. Direkte Steuern wurden, abgesehen vom Hufenzins, in den Städten noch nicht erhoben — die Vermögenssteuer datiert erst aus dem 14. Jahrhundert; von den indirekten benutzte man schon die Accise, doch fast nur bezüglich der Getränke. Neben dem Gelde dienten zur Zahlung von Abgaben und Bußen oder für Waren noch sehr oft Naturalien, wie Getreide, Wein, Honig u. dgl., in Schlesien auch vielfach Pelzstiefel. Was die Stadt für sich selbst von den Bürgern erhob, verwandte sie zum größten Teil auf ihre Bauten, während die Ausgaben für Beamtengehälter und ähnliche Dinge sehr geringfügig waren. Überhaupt herrschte im Haushalt der Städte wie der Privatleute noch die größte Einfachheit, weil man wenig Bedürfnisse hatte und gar viele Ausgaben nicht kannte, die uns jetzt als unvermeidlich erscheinen.

7. Umfang der Stadtgründungen und ihre Bedeutung für die Folgezeit.

Da uns sehr viele Gründungsurkunden verloren gegangen sind, so läßt sich leider die Zahl der Städte, die während des 13. Jahrhunderts jenseit der Elbe und Saale von deutschen Ansiedlern erbaut worden sind, nur annähernd richtig abschätzen; aus dem 12. Jahrhundert stammen nur wenige, darunter Lübeck, Havelberg, Brandenburg, Leipzig, Schwerin, die Neustadt Hamburg, Perleberg und Jüterbogk. Die meisten Gründungen erfolgten in Brandenburg, ungefähr 100. In Mecklenburg sind von den 46 Städten, die es am Ausgang des Mittelalters aufzuweisen hatte, 37 bereits am Ende des 13. Jahrhunderts vorhanden gewesen. Von den 73 pommerschen Städten ist mehr als die Hälfte, nämlich 40, hauptsächlich vom Herzog Barnim I. in jenem Jahrhundert nach deutschem Recht angelegt worden. In Preußen lassen sich mit Sicherheit über 30 Städte auf dieselbe Zeit zurückführen und in Posen 27; aber für diese beiden Provinzen würden wir, wenn die Urkunden nicht zu lückenhaft erhalten wären, zweifellos auf höhere Zahlen kommen. Schlesien sah bis 1266 etwa 30 Städte ins Leben treten, bis zum Jahre 1300 noch wenigstens ebensoviele. Nehmen wir dazu noch die Neugründungen in Meißen, der Lausitz und Livland, so ergibt sich eine Gesamtzahl von mindestens 350 Städten, die damals planmäßig aufgebaut wurden. Das ist doch in der Tat ein großartiges Zeugnis deutscher Volkskraft und eine Leistung, die uns umsomehr in Verwunderung setzen muß, als sie ja bloß einen Teil der gewaltigen, ostwärts gerichteten Ausbreitung unseres Volkes während jener Jahrhunderte in sich begreift. Denn ganz abgesehen von seinem Vordringen nach dem Südosten, nach Böhmen und dem Donaugebiet hin, das ungefähr in dieselbe Zeit fällt, besiedelte es ja doch gleichzeitig mit den Städten auch das dazwischenliegende platte Land, und zwar so gründlich, daß heute in weiten Räumen jenseit der Elbe kaum eine Spur undeutschen Wesens mehr zu finden ist. Die Folgen, die dieser Vorgang für die weitere Entwicklung nicht Deutschlands allein, sondern ganz Europas gehabt hat, sind unübersehbar. In wirtschaftlicher, sozialer und religiöser Beziehung, in Wissenschaft, Kunst und Literatur hat das östliche Kolonialgebiet während der späteren Jahrhunderte auf das deutsche Mutterland einen tiefgehenden, außerordentlich heilsamen Einfluß ausgeübt, aber geradezu unermeßlich ist die Bedeutung, die es für die Umgestaltung der politischen Verhältnisse Europas gewonnen hat. Denn eben diese ehedem slawischen und altpreußischen Provinzen von der Saale bis zur Memel sind späterhin die Grundlage geworden, auf der sich der brandenburgisch-preußische Staat aufbaute, in ihnen hat er die Mittel gefunden, sich eine große Stellung unter den europäischen Mächten zu erringen, und auf ihre Wiedergewinnnung geht im letzten Grunde auch die Möglichkeit zurück, daß in unseren Tagen wieder ein starkes deutsches Reich erstehen konnte.

III.

Die wirtschaftliche, soziale und politische Entwicklung der größeren deutschen Städte während des 14. und 15. Jahrhunderts.

1. Die raschen Fortschritte des deutschen Städtewesens während der letzten Jahrhunderte des Mittelalters.

Das tiefe Wort des alten Heraklit „Alles ist in beständigem Fluß", ein Wort, das gerade unsere Zeit erst in seiner vollen Wahrheit und Bedeutung zu würdigen weiß, das gilt, auf die deutsche Städtegeschichte bezogen, ganz besonders von dem ausgehenden Mittelalter und von der Gegenwart. Verwundert und zuweilen auch wohl beängstigt sehen wir seit etwa einem Menschenalter das rapide Wachstum unserer Städte, ihre mächtigen Fortschritte in allen Zweigen der bürgerlichen Verwaltung, ihren tagtäglich steigenden Reichtum und ihre unaufhörliche Verfeinerung, aber ganz dieselben Gefühle des Staunens und der Bewunderung mußten auch einen ruhigen Beobachter ankommen, der etwa am Anfang des 16. Jahrhunderts die Geschichte der größeren deutschen Städte während der letzten Zeiten überschaute. Wenn er die damaligen Zustände mit jenen verglich, die um die Wende des 13. und 14. Jahrhunderts, ja auch noch 100 Jahre später, geherrscht hatten, dann mußte ihm der Aufschwung, den die Städte in der Zwischenzeit genommen, fast märchenhaft erscheinen. Tausend Einrichtungen und Erscheinungen des öffentlichen wie des Privatlebens hatten eine völlig veränderte Gestalt angenommen, und mit Recht mochte er sich die Frage stellen, ob nicht der Fortschritt ein allzu hastiger, ein übereilter gewesen sei. Die Geschichte der Folgezeit hat diese Frage bejaht. Tatsächlich war der deutsche Bürgerstand in der genannten Epoche den anderen Volksklassen, besonders der Landbevölkerung, in seiner Entwicklung zu schnell und weit vorausgeeilt, und so bedurfte es später der geduldigen Arbeit mancher Generation und der ausgleichenden Tätigkeit namentlich der Landesfürsten, um das gestörte Gleichgewicht in dem Wachstum der verschiedenen Glieder des ganzen, großen Volkskörpers wieder einigermaßen herzustellen. Aber selbst in unseren Tagen sind die Spuren des ungleichmäßigen Fortgangs, den die Kultur der deutschen Stadt- und Landbevölkerung gegen Ende des Mittelalters genommen hat, noch immer nicht ganz verwischt, und selbst jetzt noch ist der Gegensatz zwischen diesen beiden Volksgruppen bei uns größer als in den meisten Ländern unserer Nachbarschaft.

2. Der deutsche Handel im 14. und 15. Jahrhundert.

Man hat das 14. und 15. Jahrhundert vielfach als das bürgerliche Zeitalter unserer Geschichte bezeichnet und das mit vollem Recht. Denn die Bürger, d. h. die Städter, waren damals in der Tat die Führer der Nation und wiesen ihr den Weg in Kunst und Literatur, Handel und Verkehr, Gewerbfleiß und Technik, Kriegswesen und Schiffahrt, ja teilweise sogar in der Politik. Und was machte es ihnen möglich, eine solch große Rolle zu spielen? In erster Linie ihre Tätigkeit als Kaufleute und Handwerker, durch die sie sich alle Vorteile der eben damals einsetzenden Geldwirtschaft zu nutze machen konnten. Der deutsche Handel, um von ihm zunächst zu sprechen, war bis zum 14. Jahrhundert noch ziemlich schwach entwickelt. Als Binnenhandel bewegte er sich auf drei deutlich abgegrenzten Gebieten, dem oberdeutschen zu beiden Seiten der Donau, dem rheinischen bis Mainz und dem niederdeutschen von dem unteren Rhein bis zur Weichsel. Als Außenhandel aber griff er zwar durch die Hansa nach Rußland, Skandinavien, England, Flandern und Nordfrankreich hinüber und ging von den süddeutschen Städten nach Frankreich, Italien und Konstantinopel, allein der Umschlag war noch nicht bedeutend, und von einem eigentlichen Welthandel konnte kaum die Rede sein. Aber seitdem die europäischen Kulturländer mit dem inneren Ausbau ihres Bodens zu einem gewissen Abschluß gekommen waren, also etwa seit dem Jahre 1350, trat ein großer Umschwung ein. Nun wurden die Handelsbeziehungen unter ihnen immer enger, der gegenseitige Austausch ihrer überschüssigen Produkte immer lebhafter, und Deutschland, das Kernland Europas, ward dank seiner günstigen Mittlerstellung der Brennpunkt eines internationalen Handelsverkehrs. Jetzt machte sich die Hansa, zumal nach ihrem großen Sieg über den Dänenkönig Waldemar im Jahre 1370, alle Uferländer der Nord- und Ostsee wirtschaftlich untertan und schickte immer größere Flotten nach dem

Niederrhein, England und Frankreich — in Lübeck liefen im Jahre 1368 im ganzen 423 Schiffe aus 33 verschiedenen Häfen ein und 871 Schiffe nach 28 Häfen aus —, jetzt knüpften die oberdeutschen Städte einen regen Verkehr mit den Städten Oberitaliens an, welche unterdessen den Orienthandel ganz in ihre Hände gebracht hatten, besonders mit Venedig, Mailand und Genua, und jetzt besuchte man von beiden Seiten her immer häufiger uud zahlreicher die großen Märkte von Flandern. Infolgedessen blühten namentlich die Städte am Nordsaum der Alpen, von Basel bis Wien, mächtig auf, die Schranke zwischen dem Rhein- und Donauhandel fiel weg, und von Nürnberg aus zogen die Kaufleute immer öfter gen Norden ins Hansagebiet und ostwärts nach Polen und Ungarn. Massenhaft strömten aus Italien und Flandern, später auch aus Spanien und Portugal, orientalische und südeuropäische Waren nach Deutschland, Goldbrokat, Samt und Seide, Edelsteine, Perlen, Pfeffer, Ingwer, Zimt, Muskatnüsse, Nägelein, Weihrauch, Safran, Balsam, Senf, Indigo, Zucker, Olivenöl, Feigen, Mandeln, und anderes, in stets größerer Menge bezog man von England Zinn, Kupfer, Eisen, Blei, Häute, Ale, Oosterbier, Wolle und Halbfabrikate, wie Leder und rohe Tuche, von Flandern und Brabant Gewebe aus Seide und Baumwolle, feine Tuche, Teppiche, Spitzen, Stickereien, kostbares Gold- und Silbergerät und Waffen, endlich von den Ländern des Nordens Heringe, Dörrfische, Pferde, Jagdfalken, Pelze, Felle, Wachs, Talg, Speck, Butter, Käse, Flachs, Eisen, Kupfer, Pech, Teer und mancherlei Holz. Als Ausfuhrartikel dienten teils dieselben Warengattungen — namentlich die Hansa vermittelte den Austausch zwischen den Ländern des Westens und Ostens und hatte z. B. den Import von Wachs nach England im 15. Jahrhundert nahezu monopolisiert —, teils aber eigene Produkte Deutschlands, wie Wein, besonders der überall hochgeschätzte Rheinwein, ferner Bier, das in ganz Europa einen besonderen Ruf genoß, Bernstein, Barchent, Leinwand, Tuch, Salz, Metallwaren, Getreide, Mehl, Malz, Grütze, Waid, Papier, Pergament u. dgl. m. Im Jahre 1392 z. B. lagen einmal im Hafen von Danzig zu gleicher Zeit 300 Schiffe voll Getreide, die nach England fahren wollten, und im Jahre 1449 schuldeten Engländer in Danzig allein für Bogenholz 2071 Mark Silbers. Außerdem entstanden in Süddeutschland größere Manufakturen, so daß Deutschland im

16. Jahrhundert bezüglich des Gewerbebetriebs in Europa denselben Rang einnahm, wie heute etwa England, und endlich wurde auch der Bergbau mit viel größerer Intensität betrieben als in früherer Zeit. Die Silbergruben im Harz, in den sächsischen Städten Freiberg, Waldenburg und Schneeberg, im böhmischen Kuttenberg, sowie in Tirol und Steiermark lieferten am Ende des 15. Jahrhunderts eine so reiche Ausbeute, daß man nunmehr statt der früheren Denare oder Pfennige dicke Silbermünzen vom Wert der rheinischen Goldgulden prägen konnte, wie die sog. großen Groschen in Sachsen und Österreich, denen bald auch die Taler nachfolgten.

Natürlich, daß unter solchen Umständen auch der deutsche Binnenhandel während des 14. und 15. Jahrhunderts gewaltig zunahm. Schon ums Jahr 1330 hielt man die Frankfurter Messe zweimal im Jahre ab, 1384 verlängerte man ihre Dauer um je 14 Tage, und bald nach ihr kamen auch die Messen von Hamburg, Lüneburg, Braunschweig und Danzig zu größerer Bedeutung. Der Rheinhandel erweiterte sich fortwährend. In Köln stieg der Umsatz von ungefähr 37 Mill. Mark im Jahre 1368 auf 210 Mill. im Jahre 1464/65; den gesamten Umsatz der Hansa hat man für die Zeit von 1362 bis 1400 auf 120 Mill. Mark auf das Jahr berechnet, er wird später wohl im selben Verhältnis gewachsen sein. In Venedig endlich setzten die deutschen Kaufleute um 1450 nach der Angabe eines sachkundigen Beurteilers jährlich Waren im Werte von etwa einer Million Dukaten um.

Im Interesse ihres Handels bemühten sich die Städte schon frühzeitig, die Ordnung des Geldwesens zu verbessern und die verworrenen Münzverhältnisse, die durch die Zersplitterung der Münzhoheit und die Ausbildung der verschiedensten Arten von Münzberechtigungen und Münzsystemen entstanden waren, nach Kräften zu überwinden. Man versuchte zu diesem Zweck die mannigfachsten Heilmittel, doch im wesentlichen ohne durchgreifenden Erfolg; der war eben in einer Zeit, wo sich die Territorien immer fester zu organisieren begannen, und später unter der Herrschaft der Kleinstaaterei nicht zu erzielen, sondern wurde erst durch die Gründung unseres neuen deutschen Reiches ermöglicht. Während des 12. und 13. Jahrhunderts gewannen die Münzen von Köln im Westen und Norden von Deutschland und etwas später die von Regensburg und Wien im

Südosten eine große Beliebtheit und weite Verbreitung. Der kölnischen Prägung lag als Gewichtseinheit eine Münzmark zu Grunde, die 234 g wog und in $13\frac{1}{3}$ Schillinge und 160 Denare oder Pfennige zerfiel; der Pfennig wog also 1,46 g. Er allein und seine Teile, der halbe und der Viertelpfennig, wurden

Lübische Münzen nach Hoffmann, Geschichte Lübecks.

1. Lübischer Hohlpfennig aus dem Ende des 13. Jahrhunderts.
2. Ältester zweiseitig geprägter lübischer Pfennig aus dem 14. Jahrhundert.
3. Lübischer Goldgulden oder Dukat (Floren), seit dem Jahre 1341 geprägt.
4. Lübischer Wittenpfennig (= 4 Pfennige) vom Jahre 1379.
5. Lübischer Doppelschilling vom Jahre 1463.

in Köln sowohl wie überall sonst wirklich geprägt, während Mark und Schilling als bloße Rechenmünze dienten. Aber die Güte der kölnischen Münze blieb nicht von Dauer, weil auch sie sich nicht, trotz aller Anstrengungen, ihr altes Schrot und Korn zu erhalten, dem verderblichen Einfluß der allgemeinen

Münzverschlechterung entziehen konnte, und ähnlich erging es später auch den Pfennigen von Wien und Regensburg. Da glaubte der interlokale, d. h. der nicht auf einen einzelnen Ort beschränkte, sondern von Stadt zu Stadt gehende Handel, in dem süddeutschen Heller einen Ersatz gefunden zu haben, welcher seinen Bedürfnissen genügte. Die Heller wurden seit dem Beginn des 13. Jahrhunderts in der kaiserlichen Münzstätte zu Schwäbisch-Hall — daher der Name — geprägt und bald weithin, besonders am Rhein und in Süddeutschland, vor anderem Gelde als Handelsgeld bevorzugt, weil sie, bei geringem Feingehalt, aber beträchtlichem Gewicht, im Vergleich mit den kleinen und leichten Pfennigen der meisten übrigen Münzstätten sehr handlich waren, ferner in ihrem Silbergehalt ziemlich beständig blieben, sich leicht in andere Münzsorten umrechnen ließen und endlich seit Karl IV. von den Kaisern besonders begünstigt und zu einer Art Reichssilbermünze erhoben wurden. Als die Gulden aufkamen, wurde ein Pfund oder 20 Schilling Heller einem Gulden an Wert gleichgesetzt; das machte den Heller recht geeignet, zwischen dem Groß- und Kleinverkehr, zwischen Gold und Silber zu vermitteln. Allein nach und nach verlor auch der Heller, als seine Ausprägung ebenfalls schonungslos im fiskalischen Interesse ausgebeutet wurde, seine Vorzüge als ein interlokales Handelsgeld, und das gleiche Schicksal ereilte auch den lübischen Pfennig, der in Norddeutschland lange Zeit ein großes Verkehrsgebiet beherrscht hatte. Schon ehe es so weit kam, hatte der Großhandel wieder auf die Verwendung von Silberbarren als Zahlungsmittel zurückgegriffen, wie sie bereits in der fränkischen Zeit, 7 oder 8 Jahrhunderte früher, da die Ausmünzung von Geld noch wenig entwickelt war, üblich gewesen waren. Aus Rücksicht auf den Großhandel ließen im 13. und 14. Jahrhundert Städte sowohl wie Fürsten in vielen Gegenden Deutschlands die Silberbarren ausdrücklich als Währung zu, und sie wurden namentlich da benutzt, wo es sich um interlokale Geschäfte und um größere Kapitalzahlungen handelte. Immerhin konnten sie das mit dem zunehmenden Geldverkehr fortwährend wachsende Verlangen nach einer Münze, welche größere Werte darstellte und eine leidliche Stetigkeit ihres inneren Gehaltes aufwies, nicht befriedigen. Diesem Bedürfnis suchte man, hier und da schon seit dem 13. Jahrhundert, durch die Prägung von sog. Dickpfennigen, auch Groschen oder Kreuzer genannt, abzuhelfen;

sie kamen an Wert etwa einem Schilling oder 12 gewöhnlichen Pfennigen gleich und enthielten in ihrer besten Zeit ungefähr 4 g Silber. Eine weitere Verbreitung fanden sie erst im 15. Jahrhundert. Dem Groschen standen in bezug auf Wert und Gebrauch mancherlei andere Silbermünzen nahe, die seit dem Ende des 14. Jahrhunderts in Deutschland aufkamen, wie der rheinische Albus oder Weißpfennig, der lübische Witte und der schwäbische Schilling. So lagen denn im Beginn des 15. Jahrhunderts die Verhältnisse derart, daß zwar kein einheitliches deutsches Münzsystem geschaffen, aber doch wenigstens einige größere Münzgebiete gebildet waren, in denen je eine Münze die führende Rolle spielte: in Bayern und Österreich der Regensburger und der Wiener Pfennig, in Schwaben, Elsaß und der Schweiz der Groschen oder Schilling, am Rhein und an der Mosel der Albus, in Sachsen, Brandenburg und Schlesien der Groschen und in dem deutschen Norden und den Ostseeländern der lübische Witte. Dazu trat, dank dem steigenden Wohlstand der Städte, der von einer unternehmenden und weitblickenden Kaufmannschaft begründet und gefördert wurde, seit der Mitte des 14. Jahrhunderts überall noch der Gebrauch von Goldmünzen. Während das Ausland, Italien, Frankreich und England, schon seit etwa 1250 Goldmünzen prägte, ahmte ihm Deutschland erst seit dem Jahre 1325 nach, wo auf der Münze zu Prag die ersten deutschen Goldstücke nach dem Muster derer von Florenz ausgemünzt wurden. Das Reich und eine große Reihe von Städten und Landesherren folgten diesem Beispiel; besonderen Anklang fanden die rheinischen Gulden, die seit 1386 auf Grund eines Münzbundes der vier rheinischen Kurfürsten geprägt wurden. Ihr Wert entsprach durchschnittlich dem von 24 Weißpfennigen. Aber gegen Ende des 15. Jahrhunderts ging die Goldprägung wieder sehr zurück, weil es an Prägestoff fehlte, den die einheimischen Bergwerke oder Flüsse nicht in genügender Menge zu liefern vermochten. Daher trat nun die Silberprägung wieder viel stärker in den Vordergrund, und dies umsomehr, als sie jetzt auch größere Silbermünzen vom Werte des rheinischen Guldens in den Verkehr brachte (s. o. S. 78). Wie sehr der Vorrat an barem Gelde gegen den Schluß des Mittelalters zunahm, ersehen wir schon aus dem fortwährenden Sinken des Zinsfußes für Hypothekenschulden. Während dieser noch im 14. Jahrhundert im allgemeinen bei Rentenkäufen auf

10 % stand, ging er später langsam, aber unaufhaltsam herunter und betrug um 1460 zwischen 5 und 8 und gegen das Jahr 1550 fast überall in Deutschland nur noch 5 %. Viel höhere Zinsen bezahlten allerdings die Schuldner für solche Darlehen, die nur durch Mobiliarpfänder oder durch Bürgen gesichert waren. Derartige Geschäfte wurden zuerst ausschließlich von Juden betrieben oder Lombarden, d. h. Kaufleuten aus Norditalien, namentlich aus der Stadt Asti. Diese berechneten den Zins wochenweise und nahmen in der Regel zwei Pfennige für Pfund und Woche, also 43,3 % im Jahre. Im Laufe des 15. Jahrhunderts aber verschwanden die Lombarden aus Deutschland, und die damals aufkommenden Bankhäuser nahmen bald auch den jüdischen Geldwucherern einen beträchtlichen Teil ihrer Geschäfte aus der Hand.

Infolge des wachsenden Geldvorrats stiegen natürlich unter sonst gleichbleibenden Verhältnissen die Preise, und dies wiederum trieb die Bürger zur Vermehrung ihrer Produktion und zu kühnerer Spekulation. Man gewöhnte sich daran, mehr als früher die Zeit auszunutzen und hastiger zu werden in Arbeit und Genuß. Viele Feiertage galten schon als ein Unglück, und der Chronist Sebastian Franck, der in der ersten Hälfte des 16. Jahrhunderts lebte, nannte zum erstenmale die Zeit ein kostbar Gut, das man ja zu Rate halten solle. In der Stadt Nürnberg schlugen schon im 16. Jahrhundert vier Turmuhren die Viertelstunden.

Das zunehmende Geldkapital machte auch eine neue Lebenshaltung möglich, die des reichen Unternehmers, eines Typus, den man bisher in Deutschland nicht gekannt hatte. Denn was die Bürgerschaft des 13. und noch des beginnenden 14. Jahrhunderts besessen hatte, war im wesentlichen Arbeitskapital gewesen, d. h. die für ihren Geschäftsbetrieb notwendige Ausstattung mit Werkzeug, Lagerräumen, Transport- und sonstigen Hilfsmitteln. Nur wenige Leute hatten größere Kapitalien in Form von Hypotheken als Renten angelegt und von ihren Erträgen den Unterhalt für sich und ihre Familie bestritten. Die Zahl dieser Leute nahm zwar im 14. und 15. Jahrhundert zu, weil sich jetzt auch die Möglichkeit bot, das Geld in Bergwerken, Salinen, Reedereien und Handelsgeschäften, sowie in städtischen Kreditbriefen anzulegen, allein mit dieser bloß passiven Ausnutzung des Geldes durch Zinsnehmen begnügte man sich für gewöhnlich nicht, hielt sie auch noch im allgemeinen für anstößig und unsittlich. Viel lieber steckte man statt dessen seine Ersparnisse in ein Geschäft, das man selbst betrieb, und zwar zunächst in den Handel. Wenn eine Familie nur einigermaßen Glück hatte, konnte sie um das Jahr 1400 mit Leichtigkeit eine kleine Summe über das Arbeitskapital hinaus ersparen. Geringere Leute benutzten solche Überschüsse oft dazu, eine Art Kleinhandel anzufangen; man nannte sie Pfennigkrämer und sah in ihnen, da ihre Zahl ständig zunahm, schon bald eine arge Plage. Besonders schlimm stand es damit im Anfang des 16. Jahrhunderts; sie strichen massenhaft in Städten und Dörfern umher, kauften alle Lebensmittel auf und verteuerten sie durch Zuschläge. Doch bald gab es neben diesen Kleinen auch manche Großkapitalisten, wenige nur im 14., immer mehr im 15. Jahrhundert. Um das Jahr 1400 war es eine Seltenheit, wenn ein Handelsherr über 100 000 Mark im Besitz hatte. Wir kennen aus dieser Zeit ziemlich genau die Finanzverhältnisse der Einwohner von Basel. Dort besaßen etwa zwei Drittel der Bürger zwischen 2500 und 36 000 Mark, etwa ein Fünftel zwischen 200 und 2500 Mark, ein Zehntel noch weniger; nur ganz vereinzelt kamen Vermögen von mehr als 36 000 Mark vor. Aber gegen Ende des 15. Jahrhunderts begegnen uns hier und da Bürger, die über enorme Kapitalien von mehreren Millionen Gulden verfügen, so die Fugger, Welser und Höchstetter in Augsburg und die Tucher in Nürnberg. Auf welchem Wege haben sie das viele Geld gewonnen? Offenbar nicht durch einfache Ersparnis, sondern wesentlich durch neue Arten der Kapitalnutzung. Früher trieb man fast nur Eigenhandel und kannte weder Kommission noch Spedition noch Differenzgeschäfte, und was man kaufte, bezahlte man in barem Gelde. Dann aber entwickelte sich, in Nachahmung der romanischen und speziell italienischen Handelsgebräuche, der Kredit, namentlich der Wechselkredit. Anfangs wollte man in Deutschland nichts davon wissen. Noch im Jahre 1391 ließ der Rat von Frankfurt a. M. einen Mann pfänden, weil er mit Wechseln zahlte. Aber die Neuerung drang dennoch bald durch. Eben in Frankfurt errichtete man schon im Jahre 1402 eine förmliche Bank, deren Inhaber zum Teil mit städtischem Gelde arbeitete. Das Jahr darauf wurden sogar schon vier Banken daraus gemacht, eine rein städtische und drei vom Rat konzessionierte, und diese letzteren, die zwei Drittel ihres Reingewinns an die Stadt abliefern mußten, brachten ihr bald bis zu 30 000 Mark im Jahre ein. Ähnlich ging es an anderen Orten, vornehmlich Oberdeutschlands. In Lübeck war der städtische Münzmeister der Leiter der ersten Bank — sie wird im Jahre 1421 zuerst erwähnt —, aber neben ihr gab es noch Privatbanken, die hier wie sonst vielfach Italienern gehörten. So hören wir von einem angesehenen Bankier namens de Boeris aus Florenz, der von 1413 bis zu seinem Tode im Jahre 1449 in Lübeck lebte und weite geschäftliche Verbindungen unterhielt, mit Basel, Padua, Rom und anderen Städten. Im Anfang fallierten die Banken ziemlich oft, aber das hielt die Leute von der Gründung neuer Institute nicht ab, und deren Wirkungskreis erweiterte sich fortwährend. Sie pflegten nicht nur das Pfand- und Wechsel-, sondern auch das Depositen- und Girogeschäft. Die Städte standen ihnen nach Kräften bei, indem sie den rechtlichen Schutz des Gläubigers erhöhten und die Vollstreckung des Urteils gegen säumige Schuldner bedeutend erleichterten; das taten sie schon im eigenen Interesse, da gerade sie den öffentlichen Kredit häufig genug in Anspruch nahmen. Sich selber behielten die Städte vielfach das Leihgeschäft vor. In Nürnberg z. B. errichtete man im Jahre 1490 ein Leihhaus und vertrieb gleichzeitig die Juden, in deren Händen bis dahin das Pfandgeschäft wesentlich gelegen hatte, und ebenso knüpfte in Augsburg eine Verordnung des Rats sämtliche Darlehnsgeschäfte allein an das städtische Leihhaus. Im 16. Jahrhundert war dann der Kreditverkehr in den deutschen Städten allgemein üblich. Er kam natürlich vorzugsweise den kapitalkräftigen Kaufleuten zu gute und erhöhte ihre wirtschaftliche Macht ganz außerordentlich. Indem sie ihre alten Geschäfte als Großhändler beibehielten, beteiligten sie sich nun mit ihren Kapitalien auch am Bergbau und Salinenbetrieb, an der Begründung einer Hausindustrie mit großem Export, an den ganz neuen Gewerben der Papierfabrikation, des Buchverlags und Buchdrucks und endlich am Geldgeschäft. Es bildete sich eine Mannigfaltigkeit kaufmännischer Betriebe heraus, von der man früher nichts geahnt hatte. Und ihr entsprachen auch manche neue Geschäftsformen, die man wohl gleichfalls aus Italien entlehnte, besonders die Kommandit- und die offene Handelsgesellschaft. Man erzielte oft ungeheure Gewinne, ganz besonders durch die kapitalistische Ausbeutung der Bergwerke und der im südwestlichen Deutschland hoch entwickelten Barchent- und Leinwandindustrie. Aus der Verbindung mit dem Bergbau auf Edelmetall entsprang der Lieferungsverkehr mit den Münzstätten, der Abschluß von Anleihen und endlich das Bankgeschäft überhaupt. Die Fuggersche Handelsgesellschaft, zu der nur Familienglieder gehörten, hatte zwischen den Jahren 1511 und 1527 von ihrem Geschäftskapital einen Jahresgewinn von $54\frac{1}{2}\,\%$; sie besaß eine Macht, wie sie bis in das vorige Jahrhundert hinein kein anderes Geschäft wieder erringen konnte. Schließlich ging man auch von einfachen Geschäften zur Bildung von Ringen über. Kaufleute, die etwa nach Venedig gereist waren und dort allerlei Gegenstände eingekauft hatten, verabredeten unter einander den daheim zu fordernden Preis und verkauften dementsprechend. Nicht lange, so machte man es mit einheimischen Kurzwaren ebenso, z. B. mit Metallen, Leder, Unschlitt, ja sogar mit Landesprodukten, und gewann dabei große Summen. Am drückendsten wurde die Macht der zahlreichen kapitalkräftigen Handelsgesellschaften, wie der eben genannten Fuggerschen und der großen Ravensburger Gesellschaft, empfunden, weil da die schweren Schäden des Großhandelsbetriebes für die Abnehmer besonders deutlich zu Tage traten. Sie waren allgemein verhaßt, bei Bauern wie Adeligen, Handwerkern wie Krämern, und ihnen schob man ganz besonders die Schuld an der fortwährenden Steigerung der Warenpreise in die Schuhe. Der allgemeinen Erbitterung gab neben vielen andern Männern, wie Geiler von Kaisersberg, Erasmus, Zwingli, Hutten und Hans Sachs, auch Luther kräftigen und beredten Ausdruck, indem er schrieb: „Sie haben alle Waren in den Händen und machen damit, was sie wollen, und treiben ohne Scheu die erwähnten Stücke, daß sie den Preis steigeren und niedrigen nach ihrem Gefallen, und drücken und verderben die geringeren Kaufleute, gleichwie die Hechte die kleinen Fische im Wasser, als wären sie Herren über Gottes Kreatur und frei von allem Gesetz des Glaubens und der Liebe.“ Solche Angriffe auf die Handelsgesellschaften, in denen man nur Wucherer und Räuber sah, beruhten ja nun allerdings auf einer recht einseitigen Beurteilung der Verhältnisse, unter denen sie arbeiteten, und gingen mehr aus an und für sich lobenswerten sittlichen Beweggründen hervor als aus einer genügenden Einsicht in die Ursachen und Kräfte, welche die Bemessung der Warenpreise bestimmten. Namentlich brachte man dabei die mit dem Umfang der Geschäfte stark anwachsende Gefahr des Kapitalverlustes, die Schwierigkeit der Berechnung, die wenn auch gegen frühere Zeiten verringerte, so doch immerhin noch erhebliche Unsicherheit der großen und weiten Warentransporte nicht ausreichend in Anschlag, ebensowenig die Entwertung des Geldes durch die steigende Ausbeute der Silberbergwerke und die schnelle Zunahme des umlaufenden Edelmetalls. Aber vom Standpunkt jener Zeit läßt sich der weitverbreitete Haß gegen die Handelsgesellschaften sehr wohl verstehen. Denn in der Tat sprach diese neue Art des Geschäftsbetriebes, die noch sehr wesentlich durch die Aufnahme des römischen Rechts begünstigt wurde, allem guten Herkommen des Mittelalters Hohn. Sie wußte nichts mehr von dem Ideal der städtischen Wirtschaft der früheren Zeit, wonach die Bürger möglichst gleiche Nahrung mit ihren Genossen haben oder doch mindestens keiner von seiner Nahrung verdrängt werden sollte, und sie begann den genossenschaftlichen Charakter des alten Bürgertums zu zerstören, den Unternehmer mit seinem Kapital ganz auf sich zu stellen und das Kapital zur Hauptsache zu erheben, während vordem, unter der Alleinherrschaft des deutschen Rechts, wesentlich nur die Person gegolten hatte.

3. Das deutsche Handwerk im ausgehenden Mittelalter.

Parallel mit dieser Entwicklung des Handels lief die des Gewerbes. Schon im 12. Jahrhundert begegnen wir mehreren Arten des Handwerksbetriebs, die sich, nur in anderer Verteilung, bis auf den heutigen Tag erhalten haben. Der Handwerker arbeitete schon damals entweder mit fremdem oder mit eigenem Rohmaterial; im ersteren Falle war er Lohnwerker, im letzteren eigentlicher Handwerker. Das Lohnwerk zerfiel in Störarbeit d. h. Arbeit, die der Handwerker im Hause seines Auftraggebers an dem von diesem gelieferten Rohstoff ausführte, und Heimarbeit d. h. Arbeit, die er zwar auch mit fremdem Material, aber in eigener Wohnung vollzog. Der Störarbeiter erhielt zum Entgelt für seine Leistungen Kost und Tagelohn, dagegen der Heimarbeiter einen gewissen Stücklohn. Beide zusammen stellten also einen gewerblichen Arbeiterstand dar. In scharfem Gegensatz zu ihnen stand der eigentliche Handwerker. Denn er verfügte über eine eigene Werkstatt und über eigenes Betriebsmaterial, war also gewissermaßen ein Kleinkapitalist oder selbständiger Unternehmer. Auch er war in zweifacher Art tätig: entweder erledigte er bestimmte Aufträge seiner Kunden, oder er arbeitete ohne besonderen Auftrag, gleichsam auf Spekulation, für den freien Marktverkauf. Dieses eigentliche Handwerk überwog schon im 12. Jahrhundert die anderen Betriebsarten, und zwar besonders im Gewerbe der Wollweber, Metzger, Bäcker, Schuster, Schwertfeger, Sattler und Schmiede. Lohnwerker waren vorzugsweise die Schneider, Maurer und überhaupt die Bauhandwerker. Da nun aber in jener Zeit, namentlich im 13. Jahrhundert, die Handwerkslöhne sehr hoch standen, so konnten tüchtige Lohnwerker mit Leichtigkeit Ersparnisse machen und sich allmählich ein eigenes Arbeitskapital erwerben. Man nimmt an, daß damals schon etwa der halbe Tageslohn für sie hinreichte, um ihre volle Nahrung, eingeschlossen Fleisch und Wein, davon bestreiten zu können. Das zurückgelegte Geld gewährte dem Lohnwerker die Möglichkeit, zunächst eine eigene Werkstatt zu erwerben, sodann aber auch seine Arbeitsmittel zu vervollständigen und Rohstoffe anzukaufen. Schon im 14. Jahrhundert galt es als Kennzeichen eines vollberechtigten Zunftbruders, daß er seine eigenen Arbeitsräume und außerdem ein gewisses Kapital besaß; wer darüber nicht verfügen konnte, sank zum bloßen Gesellen herab oder wurde, falls er selbständig blieb, als Störer oder Bönhase über die Achsel angesehen.

Denn inzwischen hatten sich die Handwerker schon zu größeren Verbänden zusammengeschlossen, den sog. Innungen oder Zünften (s. o. S. 29). Wir können noch recht wohl verfolgen, wie diese seit der Mitte des 12. Jahrhunderts in immer steigender Menge auftauchen und zwar zunächst vorzugsweise in Städten mit größerer Einwohnerzahl. Eine merkwürdige Ausnahme macht unter diesen allein Nürnberg, wo nur vorübergehend, in den Jahren 1348 und 1349, die Zunftverfassung ins Leben trat, während sonst der Rat weder vorher noch nachher zünftige Vereinigungen der Handwerker dort duldete, sondern nur sog. Handwerke zuließ, die er in strengster Abhängigkeit von sich hielt. Begreiflicherweise organisierten sich zuerst diejenigen Zweige des Handwerks, die am weitesten fortgeschritten waren oder am stärksten betrieben wurden, das Textil-, Bekleidungs-

und Nahrungsmittelgewerbe. Doch bald schon traten auch ganz spezielle Gewerbe, wie das der Goldschmiede und Harnischmacher, zu Innungen zusammen. Die Zünfte waren im Anfang nur Genossenschaften zur Verfolgung weniger bestimmter Zwecke, wie gemeinsamen Schutzes gegen die Übergriffe der Mächtigen, Wahrung ihrer Gewerbsinteressen, Beschaffung kostspieliger Betriebsvorrichtungen und Pflege der Geselligkeit; daneben bildeten sie auch gleichzeitig religiöse Brüderschaften zur gemeinschaftlichen Verehrung eines Schutzheiligen, Ausrichtung der Leichenfeier für verstorbene Genossen u. a. m. Aber bald erweiterte sich der Kreis ihrer Aufgaben: sie wurden schließlich Verbindungen auf Leben und Sterben und fesselten die einzelnen Mitglieder mit allen ihren Interessen und nach jeder Richtung hin an die Gesamtheit. Nun grenzten sie ihr Arbeitsfeld gegen andere Zünfte ab, stellten die Bedingungen für die Aufnahme der Lehrlinge fest (eheliche Geburt, „ehrliche" Herkunft, christliches Bekenntnis), entwickelten auch wohl schon einen bestimmten Lehrgang zur Erlernung des betreffenden Handwerks, überwachten die fertige Arbeit der Genossen, hintertrieben jede übermäßige Konkurrenz in der Beschaffung der Rohstoffe und in dem Absatz der fertigen Produkte und sorgten für die Familien der Mitglieder in Fällen der Not.

Da jedoch ein ganz freier Zusammenschluß der Angehörigen desselben Handwerks den Zünften noch keinen festen Bestand und vollkommene Sicherheit verbürgte, so verlangten sie weiterhin nach öffentlichem d. h. städtischem Schutz und amtlicher Anerkennung, damit ihnen diese die wirkungsvolle Handhabung der genossenschaftlichen Vorschriften für alle Fälle gewährleiste. Ihre Forderung wurde ihnen vielfach erfüllt. Gegen die Verpflichtung, den Anforderungen des Rats bezüglich ihrer gewerblichen Tätigkeit jederzeit nachzukommen und den Interessen der Konsumenten, die ja der Rat zu vertreten hatte, stets gerecht zu werden, erhielten wenigstens die stärksten und wichtigsten Zünfte, wie die der Wollweber, Bäcker, Metzger, Bierbrauer, Gerber, Schuster, Schneider, Kürschner, Schmiede und Krämer, nicht nur die offizielle Genehmigung ihrer Statuten, sondern auch eine öffentliche Zwangsgewalt für deren polizeiliche und rechtliche Durchführung, so daß sie nunmehr geradezu als Gewerbepolizei und Gewerbegericht der einzelnen Handwerke fungieren konnten. Das hatte aber zugleich auch in der Regel den Zunftzwang im Gefolge, denn weil nach mittelalterlicher Anschauung ein Gericht nur über die urteilen durfte, die selber der urteilenden Genossenschaft angehörten, so wurden nun sämtliche Arbeiter des gleichen Gewerbes ihrer Zunft unterstellt und zum Gehorsam gegen sie verpflichtet.

Dadurch gewann also die Zunft einen öffentlichen Charakter und die Fähigkeit, auch andere öffentliche Aufgaben, abgesehen von der Gewerbegerichtsbarkeit, auf sich zu nehmen. Sie vermochte dies um so eher, weil sie sich schon früh eine feste, praktische Organisation gab und die ersten rein geschäftsmäßig geordneten Formen genossenschaftlicher Selbstverwaltung entwickelte, die es in Deutschland gegeben hat. An ihre Spitze stellte sie ein von den Mitgliedern frei erwähltes Oberhaupt, ferner schuf sie sich eine gemeinsame Kasse mit einem geordneten Haushalt, und endlich bildete sie den Grundsatz aus, daß bei allen Beratungen die Mehrheit der Stimmen den Ausschlag geben solle. In entsprechender Weise regelte man sodann auch die Verhältnisse in den Familien der Zunftbrüder. Die Lehrlinge und Knechte — so hießen in der älteren Zeit die Gesellen — werden in die Familie des Meisters aufgenommen; letzterer ist ihr Vormund und väterlicher Herr, mit dem Recht und der Pflicht, ihre sittliche Führung zu überwachen und sich ihrer in Krankheit und Armut anzunehmen. In den öffentlichen Hospitälern erwirbt die Zunft oft eine Anzahl Betten für ihre Angehörigen. Die Witwen verstorbener Meister ermächtigt sie, das Handwerk ihrer Männer fortzusetzen. Sie untersagt die Nachtarbeit, setzt einen Normalarbeitstag fest, bestimmt die Zahl der Lehrlinge und Gesellen, die ein Meister halten darf, sowie den Lohn, der den Gesellen gegeben werden soll, normiert die Höhe der Produktion, z. B. die Menge des Bieres, die ein Brauer in einer gewissen Zeit brauen darf, verlangt, daß die Werkstätten nach der Straße zu liegen sollen, um eine öffentliche Kontrolle der Waren zu ermöglichen, und erläßt endlich die genauesten Anweisungen über deren Beschaffenheit, die von besonderen sog. Schaumeistern zu prüfen ist.

Eine solche strenge innere Zucht konnte nicht verfehlen, einen tüchtigen, ehrenfesten und selbstbewußten gewerblichen Mittelstand zu schaffen*), und es ist nicht zu verwundern, wenn

*) Zu welcher Höhe der Leistungsfähigkeit es einfache Handwerksmeister im Mittelalter gebracht haben, beweist nichts klarer als die

demgemäß auch die soziale Geltung der Zünfte bei der übrigen Bürgerschaft fortwährend wuchs. Nahmen sie doch auch schon durch ihre eigene Zahl und die Menge ihrer Mitglieder eine achtunggebietende Stellung unter derselben ein, zumal in Gewerbestädten wie Ulm, Augsburg, Basel und Straßburg! In Frankfurt a. M. und Heidelberg machte die gesamte Handwerkerschaft ungefähr 60 bis 70% aller Einwohner aus. Im Durchschnitt wiesen größere Städte, wie Köln, Brüssel, Gent und Brügge, im 14. Jahrhundert etwa 40—50 öffentlich anerkannte Zünfte auf. Rechnet man die nichtprivilegierten noch dazu, dann ergeben sich noch viel mehr, in Wien z. B. gegen 100. Die Zahl der Zünfte wechselte oft, weil manche eingingen, andere neu entstanden, wieder andere sich spalteten oder aber mit verwandten Gewerken zusammentraten. Besonders genau sind wir über die Verhältnisse in Frankfurt a. M. unterrichtet. Dort waren im Jahre 1387 von je 1000 über zwölf Jahre alten männlichen Personen 514 in einem Gewerbe beschäftigt, im Jahre 1875 dagegen nur 367, und von jenen 514 waren 343 selbständige Meister, aber von diesen 367 nur 80; seit 1875 bis jetzt ist das Verhältnis noch ungünstiger geworden.

Ganz besonders machte sich die Bedeutung der Zünfte auf dem militärischen Gebiet geltend. In den Städten des Mittelalters herrschte ja die allgemeine Wehrpflicht. Seit nun mit dem Ende des 13. Jahrhunderts das bürgerliche Fußvolk angefangen hatte, dem ritterlichen Landadel in den Schlachten ebenbürtig gegenüber zu treten, hörten die zu Pferde kämpfenden Patrizier auf, die wichtigste kriegerische Klasse der Stadtbevölkerung zu sein, und gerade für den Kampf zu Fuß war niemand besser zu verwenden als die zünftigen Handwerker. Denn sie hatten ihre feste Organisation, waren miteinander genau bekannt, hielten im Drang des Gefechtes treu zusammen, waren an Disziplin gewöhnt und wohnten auch meist nahe beieinander: ein Glockenschlag genügte, um sie zur Abwehr des Feindes auf die Stadtmauer zu rufen.

Die höchste Blüte der Zünfte fällt wohl in das Ende des 14. und die erste Hälfte des 15. Jahrhunderts. Wie gesund damals ihre Verhältnisse waren, bezeugt wieder das Beispiel

---

Tatsache, daß die großen Domkirchen und die herrlichen Rathäuser, die aus jener Zeit stammen, von solchen Handwerkern, nicht von gelehrten Architekten entworfen und gebaut worden sind.

von Frankfurt a. M.: auf zwei Meister entfiel im Jahre 1387 ein Lehrling oder Geselle, dagegen im Jahre 1875 auf zwei Meister oder Unternehmer acht Hilfsarbeiter; also waren in dem erstgenannten Jahre verhältnismäßig achtmal so viel im Gewerbe beschäftigte Personen selbständig als im Jahre 1875. Welche Folgen diese gesteigerte Bedeutung der Handwerker für die Entwicklung der städtischen Verfassung hatte, wird später noch zu erörtern sein. Aber jenes glückliche Verhältnis zwischen der Zahl der Meister und ihrer Gehilfen blieb in den meisten größeren Städten nicht auf die Dauer bestehen; auch die Zünfte erfuhren daselbst allmählich, ähnlich wie der Handel, eine Art kapitalistischer Umbildung und büßten zum Teil ihren alten Charakter als Genossenschaften annähernd gleich wohlhabender Handwerksmeister ein. Diese Entwicklung fällt freilich zumeist erst in spätere Zeiten, doch ihre Anfänge treten schon im 15. Jahrhundert hervor. Die Störung der Gleichheit im Besitz und Einkommen versuchte man zuerst dadurch zu beseitigen, daß man diejenigen Genossen, die besonderen Reichtum gewannen, dazu nötigte, ihr Kapital in Hausrenten anzulegen oder aber ganz aus der Zunft auszuscheiden und zum Patriziat überzutreten. Doch dieses Mittel verfing nicht immer, und es bildete sich trotzdem an manchen Orten ein Kreis von besonders wohlhäbigen Handwerksmeistern, die sich gegen ihre ärmeren Genossen kastenartig abschlossen, und Zünfte, die überhaupt nur noch geldkräftige Leute in die Reihen ihrer Mitglieder aufnehmen wollten. Am frühesten geschah das bei den Bäckern und Metzgern, also Gewerben, deren Betrieb besonders kostspielige Werkzeuge und geschäftliche Anlagen erheischte.*) Man schritt ferner auch schon hin und wieder dazu, die Zahl der Meisterstellen festzulegen und dadurch relativ zu vermindern, man gewöhnte sich, die Söhne der Meister bei der Aufnahme zu bevorzugen, und man drängte geringere Zunftbrüder, die nicht

*) Für Heidelberg ergibt ein Bericht über den Ertrag einer im Jahre 1439 erhobenen Vermögenssteuer folgende Daten: Die Metzger hatten dort durchschnittlich 199 Gulden Vermögen, die Bäcker 167, dagegen die Schneider nur 119, die Schuhmacher 113, die Krämer — zu ihnen zählten auch die Schwertfeger, Hutmacher, Zimmerleute, Weißgerber, Seiler u. a. — 102, die Schmiede — in deren Zunft waren auch die Schreiner, Sattler, Maurer, Schlosser, Keßler, Häfner u. a. eingeschlossen — 100, die Fischer 84, die Weingärtner 66, die Weber 62 und die Weinschröter 27.

mehr recht mitmachen konnten, halb aus der Zunft hinaus und zwang sie, allerlei Nebenerwerb, z. B. im Kramhandel, zu suchen. Mitunter bildeten sich auch wohl Kartelle zur Steigerung der Warenpreise und eine früher ganz unbekannte Art von Hausindustrie, welche die ärmeren Handwerker in Abhängigkeit von einem reichen Verleger brachte, also das, was man unter dem Wort „Manufaktur" begreift. Freilich zu einem eigentlichen industriellen Großbetrieb ist gleichwohl die gewerbliche Entwicklung in Deutschland weder damals noch in den nächsten drei Jahrhunderten vorgeschritten, ganz abweichend von den Nachbarstaaten Frankreich, England und Holland, wo sich diese Betriebsform viel eher herausgebildet hat. Nur in einigen wenigen Gewerbszweigen jüngeren Ursprungs, wie der Papier- und Glasfabrikation, dem Buchdruck, der Geschützgießerei und ähnlichen, kennt schon das ausgehende Mittelalter auch in Deutschland wirkliche Großbetriebe mit einheitlichen Werkanlagen und einer zahlreichen darin beschäftigten Arbeiterschar.

Ganz besonders änderte sich gegen Ausgang des Mittelalters die Stellung der Lehrlinge und Gesellen. Während sie früher von dem einzelnen Meister nur in geringer Zahl angenommen werden durften und als Glieder seiner Familie galten, hielten nunmehr die reicheren Meister eine ganze Reihe von Lehrlingen und ließen sie nicht mehr an den geselligen Unterhaltungen der Familie teilnehmen; ebenso beschäftigten sie statt des einen Gesellen, der früher die Regel gewesen war — denn damals galt das Gesellentum nur als Übergangsstufe zur Meisterwürde —, 2 oder 3, ja 5 oder mehr Gesellen*), raubten ihnen dadurch großenteils die Aussicht auf größere Selbständigkeit und drückten sie zu bloßen gewerblichen Hilfsarbeitern herab. Die Folge war, daß sich nun die Gesellen zu einem eigenen Stande zusammenschlossen, dessen Interessen mit denen der Meister des öfteren zusammenstießen, und daß sie sich bald auch in der Form von Gesellenverbänden eine besondere Vertretung gaben. Diese Verbände hatten wohl ursprünglich nur einen religiösen Charakter. Sie übernahmen jedoch allmählich auch an Stelle der Zunft den Schutz der Genossen gegen Krankheit und

*) Im Jahre 1514 wurde in Worms ein Kürschner wegen Aufruhrs hingerichtet, der zeitweilig 18 Gesellen hielt und dessen Lager in Pelzwaren ungefähr einen Wert von 100 000 Mark hatte.

Verarmung, gründeten eigene Trinkstuben und Herbergen, schufen einen gewissen Korpsgeist und eine besondere Art von Standesehre und vertraten namentlich mit wachsender Energie die speziellen Forderungen der Gesellen gegenüber den Meistern. So verlangte man z. B. eine Festsetzung des Lohnes zwischen beiden Parteien, Freigabe des blauen Montags zum Zweck des Badens, Verkürzung der täglichen Arbeitszeit, die damals 13 bis 15 Stunden betrug, Zulassung der freien, nicht für die Meister bestimmten Gesellenarbeit u. a. m. Bekannt ist, daß die Gesellen in vielen Städten auch eigene Feste feierten, die nicht selten zu allgemeinen Volksfesten wurden, so die Nürnberger Schuster ihren Badgang, die Münchener Böttcher ihren Schäfflertanz, die Hamburger Brauknechte ihre Höge und die Fleischergesellen mancher Orte ihr großes Wursttragen. Schließlich brachten es die Gesellenverbände so weit, daß ihre Vertreter Zutritt zum Gewerbegericht und zur Verwaltung der Zunft erhielten und daß ihnen selbst die Sorge für die Ausbildung der Lehrlinge überlassen wurde, und so änderte sich allmählich die alte Zunft und erhielt einen Riß, indem sich die Meister auf der einen und die Gesellen auf der anderen Seite fast wie zwei feindliche Lager gegenüber standen. Immerhin jedoch war der Gegensatz nicht so stark, daß sich etwa die Gesellen mit den übrigen Schichten des niederen Volkes gegen die Meister zusammengetan hätten. Statt dessen benutzten sie zur Durchsetzung ihrer Forderungen lieber das Mittel, größere landschaftliche Vereinigungen ihrer Verbände ins Leben zu rufen und mit ihrer auf solche Weise sehr verstärkten Macht auf die Meister zu drücken.

4. Die übrigen städtischen Berufsstände.

So lagen in den volkreichen Städten die Verhältnisse in Handel und Gewerbe am Ende des Mittelalters und beim Beginn der Neuzeit: das feste Gefüge der Zünfte war schon zum Teil gelockert, die Kaufmannschaft nach Umfang und Art ihrer Geschäfte stark differenziert und die Zahl der Besitzlosen in beiden Ständen gegen früher wesentlich vermehrt*), alles die

*) Es scheint ja überhaupt, wie die Wirtschaftsgeschichte der verschiedensten Völker lehrt, ein historisches Gesetz zu sein, daß die Entwicklung der materiellen Hilfskräfte eines Volkes durch große technische Fortschritte zunächst die Kluft zwischen reich und arm erweitert und

Folge des wachsenden Reichtums und der fortschreitenden Kultur. Nun gab es aber neben den Handel- und Gewerbetreibenden allenthalben, auch in den größeren Städten, ursprünglich noch eine Menge von Leuten, die ihren Unterhalt durch andere Beschäftigungen gewannen. Wie war es diesen inzwischen ergangen? Ein starker Prozentsatz der Stadtbevölkerung nährte sich noch im 14. Jahrhundert ganz oder doch vorzugsweise von dem Ackerbau und der Viehzucht und nahm auch in sozialer Beziehung damals noch eine geachtete Stellung ein. Dahin gehörten die Besitzer der großen und kleinen Höfe innerhalb und außerhalb der städtischen Befestigungen und von kleineren Leuten die zahlreichen Gärtner, Häcker, Winzer, Waidbauern, Drescher u. dgl. Allein das Areal der größeren Höfe im Innern der Städte wurde mit der Zeit parzelliert und entweder an Landarbeiter verkauft, bezw. verpachtet oder mit Häusern bedeckt. Dadurch nahm die Bedeutung, die der Ackerbau früher für die Städte gehabt hatte, sehr ab; noch mehr aber schadete es ihm, daß sich die städtische Verwaltung daran gewöhnte, bei allen ihren Maßnahmen zuerst die Interessen der Handwerker und Kaufleute ins Auge zu fassen und die der Landwirte zurückzusetzen. Die Zusammensetzung der städtischen Behörden, besonders des Rats, macht dieses Verfahren sehr erklärlich. So wurden die Bürger, die bloß vom Betrieb der Landwirtschaft lebten, in den Hintergrund gedrängt, ja, soweit sie nicht eigenen Grund und Boden bearbeiteten, in die Stellung von gering geachteten Proletariern gebracht. Nicht viel besser erging es der Menge der freien Tagelöhner sonstiger Art. Ihnen entnahm man die Packer und Ablader, die Bauhandlanger, die Markthelfer und Boten, die niederen Zoll-, Wage- und Meßbeamten, sowie die zahlreichen sonstigen Hilfskräfte, die für die städtische Verwaltung und für Privatgeschäfte unentbehrlich waren. Auch diese Leute schlossen sich vielfach schon früh zu Genossenschaften zusammen, bildeten

---

auf der einen Seite die großen Vermögen, auf der anderen die Masse der Besitzlosen vermehrt. Das ist jedoch nur die erste Folge der fortschreitenden Kultur. Ebenso regelmäßig kommt späterhin wieder eine Periode der Ausgleichung jener Gegensätze, eine Zeit, wo die anfangs zurückgebliebenen niederen Klassen der Bevölkerung den höheren Klassen in Einkommen und Besitz wieder bedeutend näher rücken. Dieses sozialwirtschaftliche Gesetz hat etwas Tröstliches an sich, und seine Wahrheit scheint sich u. a. auch wieder in unseren Tagen geltend zu machen.

sogar teilweise nach dem Vorgang der Handwerker besondere Zünfte, wie z. B. die Handlanger und Weinknechte in Frankfurt, und erfreuten sich einer gewissen sozialen Geltung. Aber im 15. Jahrhundert sank der gemeine Tagelohn, man achtete die Lohnarbeit nicht mehr so wie früher, und die Vereinigungen der Arbeiter gingen, gleichwie ihre materielle Stellung, zurück. Dabei wuchs die Menge der geringen Leute fortwährend durch Zuzug von außen. Wegen der außerordentlich hohen Sterblichkeit, die überall in den mittelalterlichen Städten herrschte, war man von jeher, wenn die Einwohnerzahl nicht zurückgehen sollte, auf Zuwanderung vom Lande her angewiesen; in Lübeck z. B. nahm man in der ersten Hälfte des 14. Jahrhunderts jährlich im Durchschnitt 178 neue Bürger auf, im Jahre 1351, nach der großen Pest, sogar 422, die freilich nicht alle vom Lande stammten — von 1660 bis 1800 wurden nur etwa 90 neue Bürger im Jahresdurchschnitt aufgenommen —, und in Frankfurt betrug noch gegen Ende des Mittelalters die Ergänzung der Bürgerschaft durch eigenen Nachwuchs nur die Hälfte des Zuwachses von außen. Das platte Land gab denn auch seine überschüssigen Kräfte massenhaft an die Städte ab und leistete ihnen dadurch wertvolle Dienste. Aber die Lage der Bauern begann sich seit dem 14. Jahrhundert ganz erheblich zu verschlechtern. Denn damals fingen Adel und Fürsten an, den früher so wohlhabenden und freigestellten Bauernstand rechtlich und wirtschaftlich zu unterdrücken, ihn durch mancherlei Mittel in irgend eine Art von Unfreiheit zu bringen und ihm stets wachsende Lasten aufzubürden. Daher wurden die wirtschaftlich tüchtigen Elemente unter den in die Städte abwandernden Bauern im Laufe der Zeit seltener, und das Menschenmaterial, das später die Landbevölkerung lieferte, war nicht mehr von der früheren Güte. Deshalb und weil die städtischen Nahrungszweige zum größten Teil schon über hinreichende Kräfte verfügten, suchten schon im 15. Jahrhundert manche Orte diese Einwanderung abzuwehren. So verlangte z. B. Ulm seit dem Jahr 1417 als Vorbedingung für die Verleihung des Bürgerrechts den Nachweis, daß der Ankömmling wenigstens 200 Pfund Heller d. h. etwa 3000 Mark Vermögen habe. Doch solche Maßregeln ließen sich auf die Dauer nicht durchführen, weil man zu anderen Zeiten, besonders nach verheerenden Seuchen, den ländlichen Zuzug doch wieder sehr benötigte und daher seine

Erschwerung wieder beseitigen mußte. Nun ging man vielfach dazu über, für ärmere Einwanderer ein geringeres Bürgerrecht, ein bloßes Recht der Niederlassung, zu begründen. Diese Neuerung barg aber für die Zukunft gewisse Gefahren in sich, weil sie sozusagen eine Bürgerschaft zweiter Klasse schuf, die sich leicht von Hetzern gewinnen und zum Aufruhr verleiten ließ.

Einen weiteren Zuwachs empfing das städtische Proletariat durch jene Menschen, welche im Kampfe um die Existenz unterlagen und der Verarmung anheimfielen, und durch die Unmasse der fahrenden Leute jeder Art, der Bettler, Pilger, Vaganten, Krüppel, Pfeifer, Gaukler, Dirnen usw., deren Zahl nach allen Berichten aus jener Zeit im Verlauf des 15. Jahrhunderts gewaltig anwuchs. In Frankfurt a. M. bezeichneten die Steuerlisten des Jahres 1410 schon 14 % der Steuerpflichtigen ausdrücklich als ganz besitzlos, in Hamburg rechnete man am Ende dieses Zeitraums 20 % der Einwohnerschaft, also ein volles Fünftel, zu den Armen, und in Augsburg wurde im Jahre 1520 festgestellt, daß 3000 Leute, d. h. 12 bis 15 % der Bevölkerung, nichts oder nur wenig ihr eigen nannten. Was aber speziell die Fahrenden anbelangt, so wissen wir, daß sie namentlich zu den Reichstagen und Konzilien in Unmenge erschienen und z. B. auf dem Reichstag zu Frankfurt a. M. im Jahre 1397 bereits 600 Pfeifer und Gaukler und etwa 800 Dirnen zugelaufen waren und auf den Konzilien zu Konstanz und Basel gegen 1500 fahrende Frauen.

5. Die Verfassung und politische Stellung der Städte in den letzten Jahrhunderten des Mittelalters.

Während des 14. und 15. Jahrhunderts bestand in den deutschen Städten die Ratsverfassung, wie sie sich in dem vorausliegenden Jahrhundert allmählich entwickelt hatte, weiter fort, und ebenso blieb die politische Stellung der Städte gegenüber dem Reiche und den Landesfürsten zunächst im wesentlichen dieselbe. Doch wandelte sich fast überall die Art, wie man den Rat zusammensetzte.

Schon im 13. Jahrhundert hatten sich, wie oben dargelegt ist, die Städte, zumal die größeren unter ihnen, von ihren bisherigen Stadtherren, dem Kaiser oder einem weltlichen oder geistlichen Landesfürsten, die wichtigsten obrigkeitlichen Rechte erworben, das Besteuerungsrecht, das Gericht, die Zölle, die Münze, die Kriegshoheit, den Judenschutz und andere Befugnisse. Das gewöhnlichste und wirksamste Mittel, alles dies zu gewinnen, war das Geld gewesen, und der Macht des Geldes bediente man sich auch späterhin, um neue Privilegien zu erringen oder wenigstens die alten zu bewahren. Die meisten größeren Städte wurden so mehr oder weniger unabhängig und ließen nun durch ihren Rat alle die Befugnisse ausüben, die früher den Stadtherren zugestanden hatten. Der Rat regierte die Stadt nahezu unumschränkt. Er hielt allein oder neben den Schöffen Gericht, gab Verordnungen, die das hergebrachte Recht nach allen Richtungen hin weiter ausbauten, regelte die städtischen Finanzen, bot im Notfall die Bürger zum Kriegsdienst auf und bestimmte über das Gemeineigentum, die Allmende. Er hatte ferner die gesamte innere Verwaltung, also das, was man später Polizei nannte, zu führen; dahin gehörte die Ordnung von Maß und Gewicht, die Handhabung der Gesundheits- und Sittenpolizei, der Kampf gegen den Luxus, die Aufsicht über das Straßenwesen, sowie über die Münze, die städtischen Schulen und die Armenpflege und endlich die Regelung der Beziehungen zwischen der Stadt und der Kirche samt ihren mannigfachen Institutionen. Schließlich aber und vor allem lag dem Rate die Vertretung der Stadt nach außen hin ob; er nahm Stellung zu Fragen der Landes- und Reichspolitik, schützte den Außenhandel, dehnte den städtischen Einfluß möglichst weit auf das umliegende platte Land aus und wachte überhaupt in jeder Hinsicht über das Wohl der ihm untergebenen Gemeinde.

Die höchsten städtischen Ämter waren, mit wenigen Ausnahmen, Ehrenämter. Besoldet wurden hauptsächlich nur die Stadtjuristen und die Stadtschreiber. Jene, die den Namen clerici oder syndici führten und anfangs durchweg dem geistlichen Stande angehörten, vertraten als rechtskundige Männer die Stadt in ihren Prozessen und dienten ihr mit ihrem Rat in sonstigen Rechtssachen. Die Stadtschreiber, die vielfach ebenfalls eine gelehrte Bildung besaßen und daher öfters auch das Amt der clerici mit ihrem speziellen Amte vereinigten, waren besonders als Kanzleibeamte, Gerichtsschreiber und Gesandte tätig, beschäftigten sich aber daneben noch großenteils mit der Abfassung von Chroniken, Dichtwerken u. dergl. Sie genossen hohes Ansehen und besaßen großen Einfluß auf die Führung der städtischen

Geschäfte, wurden daher gern als „Auge" der Stadt bezeichnet. Ihr Amt wurde, wie es scheint, im Anfang des 13. Jahrhunderts geschaffen; in Köln, wo es uns zuerst begegnet, wird es 1228 das erste Mal erwähnt, in Braunschweig 1231 und in Straßburg 1233.

Die Stellen der Ratsherren waren nicht mit einem bestimmten Gehalt ausgestattet, doch gewährten sie vielfach einen Anspruch auf gewisse Gebühren und Strafgelder, zuweilen auch auf Steuerfreiheit und andere Vorrechte und endlich auf die Teilnahme an einigen Festessen, die dem Rate zu gewissen Zeiten des Jahres größtenteils auf Kosten der Stadtkasse ausgerichtet wurden. Der Rat erledigte seine Aufgaben nicht stets kollegialisch, sondern bildete in der Regel ständige Ausschüsse zur Führung bestimmter Geschäfte; dazu delegierte man meist zwei oder vier, seltener sechs Ratsherren. So gab es vom Rate abgeordnete Kämmerer, Weinmeister, Marktherren, Bauherren, Turmherren, Ratsrichter, Aufseher über Maß und Gewicht, sowie über das militärische Aufgebot der Stadt, Schoßherren (für das Steuerwesen) usw. Über dem Rate standen ein oder zwei, auch wohl vier Bürgermeister. Für außerordentliche Aufgaben setzte man sog. geschickte Freunde ein d. h. Kommissionen von Ratsherren, die eine ganz spezielle Frage zu bearbeiten hatten oder als städtische Gesandtschaft nach außen gingen.

Das Verfahren bei der Ratswahl war gewöhnlich sehr umständlich und verwickelt; eine einfache und direkte Wahl durch die gesamte Bürgerschaft war merkwürdigerweise nirgends in Übung. Es ist erklärlich, daß als Anwärter auf die Ratsherrnstellen bloß Mitglieder eines beschränkten Kreises von Familien in Betracht kamen, jener Familien nämlich, die durch Ansehen und Reichtum, mochte dieser nun auf Grundbesitz oder Handel oder Rentengenuß oder auf irgendwelcher Vereinigung dieser verschiedenen Quellen des Wohlstandes beruhen, die übrigen Bürger überragten. Der Kreis dieser Familien war nicht fest umgrenzt; man ließ auch anfangs reich gewordene Handwerker in den Rat eintreten.

Die Verwaltung des Rats unterlag gar keiner Kontrolle. Man kannte weder einen öffentlichen Haushalt noch für gewöhnlich einen Zwang zur Rechenschaftsablage vor der Gemeinde, ein Beweis, welch großes Vertrauen in der guten Zeit des 14. Jahrhunderts die Bürger ihrem Rate entgegenbrachten. Die ganze Einwohnerschaft einer Stadt fühlte sich eben noch als eine einzige große Genossenschaft und war von einem lebhaftem Bewußtsein gegenseitiger Verantwortung beseelt. Die Stadt haftete jedem ihrer Bürger gegenüber fremdem Angriff durch Gewalt oder Prozeß und kaufte alle Kriegsgefangenen auf ihre Kosten wieder frei; andererseits trat jeder einzelne Bürger mit Person und Eigentum für die Handlungen und Lasten des großen Ganzen ein. Aber neben dieser echt mittelalterlichen Grundanschauung finden wir doch auch schon mancherlei Erscheinungen, die den Übergang zur modernen Anschauung vom Staat vermitteln, vor allem in der Ordnung des Finanzwesens. Die Ausgaben der Stadt dienten in erster Reihe zur Bestreitung der großen Kosten, die das Kriegswesen und die äußere Politik verursachten — in Köln z. B. verschlangen diese Kosten in einem relativ friedlichen Jahre, 1379, volle 82 % sämtlicher Ausgaben der Stadt —, ferner zu Bauzwecken, zur Ausrichtung von Festlichkeiten, besonders der Schmäuse der Ratsherren, zur Besoldung der Beamten, für wohltätige und kirchliche Zwecke — die Beträge dieser beiden letzten Titel waren im Vergleich mit unserer Zeit meist unbedeutend — und für sonstige Zwecke der inneren Verwaltung. Die städtischen Einnahmen setzten sich teils aus Grundsteuern zusammen, teils aus den Erträgnissen der Verpachtung städtischer Immobilien und aus zahlreichen Gebühren für die Benutzung städtischer Anstalten, wie Tuch- und sonstiger Hallen, Kranen, Wage, Brücken usw.; den Hauptertrag aber lieferte das „Ungeld“ d. h. die Accise auf Mehl*), Fleisch, Wein, Bier, Salz, Tuch, Wolle, Waid und andere Genußmittel und Handelswaren. Die Accise war die für die Städte recht eigentlich charakteristische Steuer, da sie in ihnen zuerst aufkam und immer mehr durchgebildet wurde. Sie blieb auch stets die wichtigste Steuer, doch zeigte sich an den meisten Orten, besonders in den Reichsstädten, während der letzten Jahrhunderte des Mittelalters das Bestreben, daneben auch die Vermögens- und Personalsteuern in steigendem Grade auszubeuten, eine Entwicklung, die von den größeren Städten nur Köln nicht mitgemacht zu haben scheint. Um das Gleichgewicht im städtischen Haushalt aufrecht zu erhalten, nahm man auch

---

*) Der Mehlpfennig lieferte in Köln im Jahre 1379 5 % aller Einnahmen, die Accise auf die Weineinfuhr und auf kölnische Tuche je 10 % und die Fleischaccise 20 %.

bald den öffentlichen Kredit ganz systematisch in Anspruch. Die Städte machten außerdem oft große Anleihen, um daraus die Kosten für gemeinnützige, besonders politische, Zwecke jeder Art zu bestreiten; darin liegen die Anfänge der modernen Staatswirtschaft.

Dadurch, daß ihre Rechtsbildung in immer steigendem Maße den Forderungen gerecht zu werden wußte, welche die zunehmende Geldwirtschaft an sie stellte, schieden sich die Städte immer deutlicher von den Territorialstaaten ihrer Umgebung und wurden zu ganz eigenartigen politischen Gebilden, die über die Verfassung des platten Landes weit hinausschritten. Mit Stolz wiesen jetzt die Bürger dem zurückgebliebenen Bauern und dem verarmten Edelmann gegenüber auf ihre städtische Herkunft hin und waren sich ihrer Bedeutung im Reiche sehr wohl bewußt. Dem Kaiser ordneten sich die Städte fast nur noch in äußerlichen Beziehungen unter, und namentlich galten die zahlreichen Reichsstädte als fast völlig frei, da sie dem Kaiser bloß Huldigung, Heerfahrt und gewisse Steuern schuldeten. Zu den Reichsstädten gehörten alle Städte, die in die Reichsmatrikel d. h. die Verzeichnisse der Reichsunmittelbaren und ihrer Leistungen an das Reich eingetragen waren. Ebenso große Selbständigkeit wie die Reichsstädte gewannen allmählich auch die hervorragendsten Bischofsstädte. Weniger ansehnlich war zumeist die Bedeutung derjenigen Landstädte, die unter der Oberhoheit weltlicher Fürsten standen; aber auch sie errangen sich bis zum 14. Jahrhundert wenigstens die Landstandschaft d. h. das Recht, gleich dem Adel und der Geistlichkeit die Landtage zu beschicken, ja viele von ihnen, besonders Mitglieder der Hansa, wurden fast zu Freistädten, so daß sie in ihren Fürsten nicht eigentlich regierende Landesherren, sondern nur Oberherren sahen, denen sie huldigen, das Besatzungsrecht einräumen und in dieser oder jener Beziehung Gehorsam leisten mußten. Zur Förderung ihres Handels und zur Mehrung ihres politischen Einflusses schlossen die Städte öfters Bündnisse miteinander, wie den rheinischen und schwäbischen Städtebund; besonders eng war die Vereinigung der Hansa, wennschon sie niemals auf einem eigentlichen Schutz- und Trutzbündnis beruht hat. Den Höhepunkt ihrer politischen Macht erreichten die deutschen Städte im letzten Drittel des 14. Jahrhunderts. Da triumphierte die Hansa über die Könige des Nordens und siegten die schwäbischen Städte über den süddeutschen Adel. Einige Menschenalter hindurch hielten sie dann noch den Angriffen der aufstrebenden Territorialherren erfolgreich stand, aber seit dem Ende des 15. Jahrhunderts neigte sich das Übergewicht allmählich auf die Seite der Fürsten. Später waren die Reichsstädte zufrieden, wenn sie ihre alte Stellung einigermaßen behaupten konnten, die Landstädte aber mußten sich vor ihrem Landesherrn beugen, sich der Verfassung seines Territoriums eingliedern lassen und viele der politischen und wirtschaftlichen Vorrechte wieder aufgeben, die sie einst mit großen Opfern errungen und lange Zeit hindurch rühmlich verteidigt hatten. Übrigens bedeutete der Verlust ihrer Selbständigkeit für die Städte nicht in jeder Hinsicht einen Nachteil. Denn die Landesherren hatten inzwischen Verständnis für ihre besonderen Interessen gewonnen und schützten sie oft planmäßig und energisch gegen Bedrohungen von außen her. Freilich erwies sich dieser Schutz wesentlich nur gegen andere deutsche Territorien wirksam; den großen fremden Nationen gegenüber konnten die Landesherren wegen ihrer unzureichenden Macht den deutschen Handel und das deutsche Gewerbe in den ersten Jahrhunderten der Neuzeit nicht genügend decken.

Welche Gründe dahin führten, daß die Städte ihre frühere Selbständigkeit großenteils wieder einbüßten, ergibt sich unschwer aus einer Betrachtung ihrer politischen Situation. Einmal fehlte es den Städten gänzlich an einem festen Zusammenschluß, an einer dauernden Sammlung ihrer an sich ganz zersplitterten Kräfte. Es gab keine Städte von so überragender Bedeutung, daß sie eine größere Anzahl anderer dauernd zu einem engen Bunde hätten vereinigen und ungeachtet ihrer vielfach widerstreitenden Interessen mit starker Hand hätten zusammenhalten können. Dies ist nicht einmal im Gebiete der Hansa dem mächtigen Lübeck geglückt, obwohl es doch in ihr in so mancher Beziehung dominierte. Sodann neigten die Städter, wenn ein Krieg ausbrach und im Felde nicht bald entscheidende Erfolge erzielt wurden, nur allzusehr dazu, schnell wieder Frieden zu machen, selbst unter ungünstigen Bedingungen; waren sie doch wegen ihres größeren Reichtums an materiellen Mitteln und bei der besonderen Art ihres Erwerbslebens weit größeren Schädigungen durch langdauernde Fehden ausgesetzt und viel leichter verwundbar als ihre Gegner, die Landesherren, deren Macht überdies in der Zunahme begriffen war! Ein Heer von Bürgern war auch nur schwer zu verpflegen und auf eine größere Entfernung in den

Kampf zu führen. Daher kam man mehr und mehr davon ab, die eigenen Bürger ins Feld zu schicken, und stellte lieber den Fürsten, die sich vornehmlich auf ihre Untertanen und Lehnsleute stützten, geworbene Söldnerheere gegenüber. Um aber solche Söldner öfters in Dienst zu nehmen und längere Zeit zu unterhalten, dazu waren so große Geldmittel erforderlich, wie sie nur besonders reiche Städte aufzubringen vermochten. Ferner kommt in Betracht, daß unsere mittelalterlichen Städte, wie schon wiederholt betont worden ist, verhältnismäßig wenig Einwohner hatten. Die größte von ihnen, Köln, zählte im 15. Jahrhundert etwa 30—35000 Bewohner. Lübeck, Straßburg und Nürnberg hatten um die Mitte dieses Jahrhunderts ungefähr 20000 Einwohner, Hamburg 18000, Basel gegen 10000, Frankfurt a. M. rund 9000, Heidelberg 5000, Zürich und Rostock um das Jahr 1400 gegen 11—12000, und am Ende des genannten Jahrhunderts hatten Mainz und Eger zwischen 5000 und 6000, Dresden 5000 und Meißen 2000. Die politische Bedeutung der Städte lag eben hauptsächlich in dem Reichtum und der gesunden sozialen Gliederung ihrer Bürger, besonders in der Stärke des gewerblichen Mittelstandes; die Menge der Bürger dagegen nahm im 15. Jahrhundert vielfach nicht zu, sondern eher ab, weil die Einwanderung vom Lande her nachließ und damals die Einrichtung des Aus- und Pfahlbürgertums*) endgültig beseitigt wurde. Dazu traten endlich noch Schwierigkeiten im Innern der Städte, namentlich die Zunftkämpfe und ihre Folgen.

Fast allenthalben in den deutschen Städten bildete sich nämlich schon früh eine Art städtischer Aristokratie, die sog. Geschlechter oder Patrizier. Dazu gehörte eine beschränkte Zahl von Familien, die wegen ihres bereits durch mehrere Generationen vererbten Reichtums oder ihrer Abkunft von ritterbürtigen Vorfahren besonderes Ansehen genossen. Diese Geschlechter schlossen sich nun immer mehr von der übrigen Bürgerschaft ab, verwehrten ihr den Eintritt in ihren Kreis und erhoben den Anspruch, die höchsten städtischen Ämter, in erster

---

*) Unter Pfahlbürgern verstand man auf dem Lande ansässige Leute, die das Bürgerrecht einer Stadt erwarben, um sich der Steuer- und Gerichtspflicht gegen ihren Landesherrn zu entziehen; dieses Bestreben wurde natürlich von den letzteren lebhaft bekämpft und schließlich auch unterdrückt.

Linie den Rat, ausschließlich durch Personen aus ihrer Mitte zu besetzen. Und wie es bei einer Handelsaristokratie — denn das waren die Geschlechter doch in den meisten Fällen — in der Regel geschieht, wurden sie, auf ihren großen Besitz und ihren Einfluß pochend, vielfach im Laufe der Zeit hochmütig, leichtfertig und gewalttätig. Sie entfremdeten sich so den anderen Klassen der Bürgerschaft, besonders den Handwerkern, und der Gegensatz zwischen beiden Ständen wurde um so schroffer, als sich die Geschlechter am Ende nicht scheuten, das Gemeingut zur eigenen Bereicherung zu mißbrauchen, die indirekten Abgaben vor den direkten Vermögens- und Personalsteuern zu bevorzugen, obwohl doch letztere eine viel gerechtere Verteilung der Lasten verbürgten, den Kriegsdienst wesentlich auf die geringeren Bürger abzuwälzen und überhaupt ihre Stellung auf unredliche Weise auszubeuten. Da nun die Handwerker sich wohl bewußt waren, daß von ihrer Arbeit in erster Linie das Gedeihen und die Bedeutung der Stadt abhänge und daß ihre Kraft vor allem deren Sicherheit schütze, so traten schließlich die Zünfte gegen die weitaus in der Minderheit befindlichen Patrizier in die Schranken und verlangten, ihres Regiments überdrüssig, Teilnahme an der Führung der städtischen Geschäfte und im besonderen an der Bildung des Rats. Es kam, ähnlich wie früher in Italien, nicht selten über diese Forderung zu schweren inneren Kämpfen, die beiden Teilen große Verluste brachten und oft viel Blut kosteten. In Magdeburg z. B. wurden im Jahre 1301 10 Aldermänner der Zünfte auf offenem Markte verbrannt, in Brüssel 1305 mehrere ihrer Anführer lebendig begraben, in Köln 1371 nach der sog. Weberschlacht eine Menge Weber hingerichtet oder — und dieses Schicksal traf nicht weniger als 1800 Leute — mit Weib und Kind aus der Stadt verjagt. Aber im ganzen verliefen die Zunftkämpfe in Deutschland doch weit milder als in Italien und führten nirgends, wie dort so oft, eine Tyrannis oder eine radikale Demokratie herbei. Gar manche Städte, besonders viele westfälische, wie Soest, Dortmund, Münster und Osnabrück, blieben überhaupt vor gewaltsamen Aufständen bewahrt, weil sich die Geschlechter und die Zünfte friedlich auseinandersetzten; auch in den hansischen Seestädten kam es erst spät zu Unruhen und nie zu einem dauernden Erfolg der Handwerker, weil in ihnen der Handel alles andere überwog und die Hansa grundsätzlich von ihren Gliedern eine aristokratische Stadtverfassung verlangte und Neuerungen in der Regel energisch zu verhindern wußte. Aber sonst setzten die Zünfte meistenteils ihre Ansprüche durch. Ihre Erhebungen begannen zuerst in den Städten am Rhein und in Flandern, schon im 13. Jahrhundert, fielen jedoch der Mehrzahl nach erst in das 14. Jahrhundert. Sie zogen, soweit sie von Erfolg begleitet waren, folgende Arten von Verfassungsänderungen nach sich. In einigen Städten, wie Augsburg, Konstanz, Magdeburg und Braunschweig, führte man eine reine Zunftherrschaft ein derart, daß die Geschlechter nur insoweit einen geringen politischen Einfluß behielten, als sie Mitglieder irgendeiner Zunft wurden. In anderen, wie Frankfurt a. M. und Halle, ließ man den patrizischen Rat bestehen, ergänzte ihn aber durch eine mehr oder minder große Zahl von Ratsherren, die aus den Zünften entnommen waren. Zuweilen endlich faßte man, wie in Köln, sämtliche Bürger, die ein gewisses Vermögen hatten, ohne Rücksicht auf Zünfte und Geschlechter in größeren Wahlkörpern zusammen und übertrug diesen die Wahl des Rats. Auch kam es wohl vor, daß man Zunftausschüsse als eine besondere Bank in den Rat eintreten oder aber ein besonderes Kollegium neben dem alten Rat bilden ließ, wie denn überhaupt die Zweiteilung des Rats seit der Zeit der Zunftkämpfe uns öfters entgegentritt: ein alter und ein neuer, ein großer und ein kleiner Rat, ein „Rat" schlechthin und ein „Rat aus der Gemeinde". So beseitigte man vielerorten teils auf einen Schlag, teils allmählich durch oft wiederholten Ansturm die unhaltbar gewordene Geschlechterherrschaft und verschaffte den mündig gewordenen Teilen der städtischen Bevölkerung dasjenige Maß von politischer Macht, das sie mit Recht für sich beanspruchen durften. Dabei trat durchaus kein Bruch mit der Vergangenheit ein, denn in den wesentlichsten Zügen wurde auch fernerhin das System der städtischen Verwaltung, wie es die Geschlechter einst ausgebildet hatten, beibehalten. Auch jetzt noch leisteten die Städte oft Großartiges. Doch war dies nicht überall der Fall. An manchen Orten entsprach der neue, ganz oder großenteils aus Handwerkern zusammengesetzte Rat auf die Dauer doch nicht den Erwartungen, die man anfangs auf ihn gesetzt hatte. So war z. B. in Köln die städtische Finanzverwaltung früher, da sie von den Patriziern geleitet wurde, entschieden verständiger gewesen als später unter der Herrschaft der Zünfte. Auch verhinderte die demokratische Form der Ratswahl, die nach der Erhebung der Handwerker eingeführt wurde, durchaus nicht, daß bald aufs neue eine beschränkte Zahl von Familien sich den Alleinbesitz der Ratsstellen anmaßte und an die Stelle der alten Geschlechter- eine neue Handwerkeraristokratie trat. Es war also nur ein Personen-, aber kein Systemwechsel vor sich gegangen. Daher kehrten auch vielfach die alten Klagen der nicht am Stadtregiment teilnehmenden Bürger wieder und fehlte es auch jetzt nicht an mancherlei Unruhen und Ausbrüchen der Unzufriedenheit. Dabei war es merkwürdig, daß nun das niedere, nicht in Zünften organisierte Volk, die „Gemeinde" schlechthin, sich zu rühren begann, eigene Forderungen aufstellte und deren Durchsetzung durch offene Empörung zu erzwingen versuchte. Doch waren diese Bestrebungen im 15. Jahrhundert noch nicht so nachhaltig und verbreitet wie im Anfang des 16., wo sie besonders zur Zeit des Bauernkrieges auf das gewaltsamste an das Licht traten.

IV.

Äußere Erscheinung und inneres Leben der deutschen Städte am Ende des Mittelalters.

1. Die Umschanzung der Stadt.

Allbekannt sind die Städteansichten in Holzschnitt oder Kupferstich, die uns das 16. und 17. Jahrhundert in so reicher Zahl hinterlassen haben. Diesen Bildern entsprach im allgemeinen bereits seit der zweiten Hälfte des 14. Jahrhunderts die äußere Erscheinung unserer größeren Städte. Wer etwa auf einer Reise in ihre Nähe kam, dem fiel zuerst ihre starke Befestigung auf. Das engere, eigentliche Stadtgebiet, welches regelmäßig die alte Stadtmark, oft aber auch einen weit größeren Bezirk umfaßte, war von einer Landwehr umgeben d. h. einem Graben mit anschließendem Wall, den häufig noch sog. Knicke oder Gebücke verstärkten und hohe Warttürme in bestimmter Entfernung voneinander überragten. Da, wo diese Landwehr schwächer angelegt war, gab es doch wenigstens eine weitschauende Warte, deren Besatzung durch optische Zeichen ihre Beobachtungen an die städtischen Turmwächter vermittelte.

Einem solchen Zweck diente z. B. die prächtige Warte bei Andernach, die noch heute erhalten ist als eine weithin sicht-

Landau nach Merian. (Nach Meyers Histor.-geogr. Kalender.)

bare Zierde der ganzen Gegend. Hatte man die Landwehr an einem ihrer wenigen Tore durchschritten, so bemerkte man bald dicht neben der Straße den Rabenstein, das städtische Hochgericht. Dort erhoben sich auf einem kreisförmigen massiven

Aachen nach Merian. (Nach Meyers Hist.-geogr. Kalender.)

Gemäuer drei Steinpfosten, durch hölzerne Querbalken mit einander verbunden, das vielberufene „Dreibein“ oder der Galgen

Das Spalentor in Basel.
(Nach Springer, Kunstgeschichte II.)

Das Holstentor in Lübeck. (Nach Lübeck, seine Bauten u. seine Kunstwerke.)

an dem gewöhnlich ein paar halbvertrocknete Leichname hingen, den Gerechten zum Trost und den Bösen zur Warnung. Weiterhin führte die Straße an die starke Umschanzung der Stadt selbst: sie bestand meistens aus drei Stücken, einem Pallisadenzaun, einem breiten und tiefen Graben und einer einfachen oder doppelten Steinmauer. Nur an einigen wenigen Stellen unterbrachen diesen Befestigungsgürtel mächtige Torbauten, die man besonders sorgfältig anzulegen und auch wohl, zumal in Norddeutschland, künstlerisch auszuschmücken pflegte. Von solchen, die sich bis in unsere Tage erhalten haben, seien als Beispiele erwähnt der Eschenheimer Turm in Frankfurt a. M., das Spalentor in Basel, die schönen backsteinernen Tore von Stendal und Neubrandenburg und das imposante Holstentor in Lübeck. Eine Zug-

Burgtor und Stadtmauer.
(Nach Lübeck, seine Bauten und seine Kunstwerke.)

brücke und ein Fallgatter am Tor gewährten die Möglichkeit, im Notfalle einen etwa der Besatzung nachdrängenden Feind noch im letzten Augenblick auszusperren. Die Kommandanten der Tore nannte man an manchen Orten Burggrafen: es waren vom Rat besoldete Kriegsleute, die gewöhnlich den Edelleuten der nächsten Umgegend entnommen wurden. Ihnen unterstand der Wächter, der tagsüber auf einem der Tortürme Umschau hielt und bei drohender Gefahr in sein Horn stieß — des Nachts blieben die Tore stets geschlossen —, ferner mehrere gemeine Kriegsknechte, die den Verkehr im Tore zu regeln und nötigenfalls den Torschreiber, den Erheber des Zolles, zu unterstützen hatten, endlich die Gefangenenwärter, wenn einer der Türme, wie das sehr oft geschah, zugleich als städtisches Gefängnis dienen mußte.

Was die Mauern betrifft, so wurden auch sie in Abständen von etwa 100 Schritt durch runde oder viereckige Türme verstärkt. Diese Türme, deren manche Stadt wohl gegen 100 aufzuweisen hatte, waren zugleich Arsenale und enthielten Pfeile, Bogen und Wurfgeschütze, wurden aber auch vielfach, wenigstens in Friedenszeiten, an ärmere Leute als Mietwohnungen überlassen. Den Mauerzinnen entlang lief ein Postengang; auf ihm machten die Wachen ihre Runden und nahmen die Bürger ihre Verteidigungsstellung ein, nachdem sie zuvor, dem Rufe der Sturmglocken folgend, quartierweise auf ihren Alarmplätzen zusammengetreten waren.

2. Die Straßen der Stadt.

Die Stadtteile, die man nach dem Passieren der Tore zunächst durchwanderte, boten in der Regel keinen sehr erbaulichen Anblick, wenigstens nicht einen solchen, der dem imposanten Äußern der Stadt entsprochen hätte. Die Straßen waren schmutzig und von Dungstätten umsäumt; ihnen zur Seite standen niedrige Häuser und Ställe, abwechselnd mit größeren Höfen der Geschlechter und der kirchlichen Stifter und mit größeren oder kleineren Gartenstücken. Allmählich erst rückten die Gebäude näher zusammen, und ihre Reihen wiesen um so weniger Lücken auf, je mehr man sich dem Kern der Stadt näherte, dem Sitz der Handwerker und Kaufleute. Aber viel besser wurden die Straßen auch hier nicht, denn nur wenige von ihnen waren mit einem Pflaster versehen. Die Sitte des Pflasterns verbreitete sich nur langsam in Deutschland. Sie scheint bis ins 12. Jahrhundert zurückzugehen, aber sichere Nachrichten darüber begegnen uns erst viel später. Für den Anfang des 14. Jahrhunderts und zwar für das Jahr 1310 ist uns ein Straßenpflaster in Lübeck bezeugt, an anderen Orten aber bürgerte sich die Neuerung erst bedeutend später ein, z. B. in Nürnberg seit 1368, in Bern und Frankfurt a. M. seit 1399, in Regensburg seit 1400 und wenige Jahre darauf auch in Breslau und Augsburg. Geringere Städte folgten dem guten Beispiel noch weit langsamer, so Landshut in Bayern erst 1494. Als Kaiser Friedrich III. einst die Stadt Tuttlingen in Württemberg besuchen wollte, rieten ihm die Bürger wegen des schlechten Zustandes ihrer Straßen davon ab; da er diese wohlmeinende Warnung aber in den Wind schlug und trotzdem hinkam, versank sein Pferd bis an die Oberschenkel im Schmutz. Derselbe Kaiser lief am 28. August 1485 in der Reichsstadt Reutlingen Gefahr, mitsamt seinem Pferde in dem grundlosen Kot der Straßen unterzugehen. Vorsichtige Leute pflegten daher, ehe sie ihr Haus verließen, auch jetzt noch (vgl. o. S. 34) stets hohe hölzerne Überschuhe anzuziehen. Bevor das Pflaster aufkam, gab es bereits an manchen Orten Straßen, die mit kleinen Steinen, Kies und Sand belegt, also chaussiert waren. Sie hießen, wie auch später die gepflasterten, Steinwege, und daher stammte die Redensart „ein heißer Steinweg", entsprechend dem heute üblichen Ausdruck „ein teures

Pflaster". So sagte man z. B.: Nürnberg ist ein heißer Steinweg, zu Braunschweig ist er nicht so heiß. Chaussierte Straßen bestanden vielfach neben den gepflasterten auch später noch fort. Doch weitaus die meisten Straßen waren, wie schon bemerkt ist, weder gepflastert noch chaussiert, daher bei trockenem Wetter sehr staubig und bei Regenwetter voller Schlamm und Kot, dazu mit Ausnahme weniger Hauptverkehrsadern ganz planlos angelegt, eng, krumm und winklig. In jener unregelmäßigen Anlage wirkte offenbar noch das Vorbild der ebenso planlos aufgebauten altdeutschen Haufendörfer nach. Selbst in den Kolonialstädten des Ostens, wie Breslau und Prag, setzten sich die schnurgeraden und breiten Straßen der ältesten Anlage bei späteren Erweiterungen in ungeraden Linien fort. Doch diese Mängel waren noch nicht das Schlimmste; wenn nur die Sauberkeit nicht so viel zu wünschen übrig gelassen hätte! Man pflegte allen Kehricht, allen Unrat und alle Speiseüberreste kurzerhand auf die Straße zu werfen. Das Wasser aber, das aus den zahlreichen Viehtränken, von den Ziehbrunnen und von den Dächern ablief, floß in einen Rinnstein zusammen, der nicht zur Seite, sondern in der Mitte der Straße lag, ein Umstand, der die Unreinlichkeit nur noch erhöhen konnte. Mitunter schärfte der Rat allerdings den Hausbesitzern die Weisung ein, sie sollten die Straßen sauber halten, aber gerade die häufige Wiederholung solcher Verordnungen bezeugt, wie wenig sie fruchteten. Im allgemeinen entschloß man sich zu einer gründlichen Reinigung nur bei gewissen dringenden Anlässen, z. B. wenn der Besuch des Kaisers oder Landesherrn zu gewärtigen war, wenn eine große Prozession stattfinden sollte oder wenn ein Jahrmarkt oder eine Messe bevorstand. Recht bezeichnend ist es, daß das aus der zweiten Hälfte des 14. Jahrhunderts stammende Stadtrecht von Mühldorf in Bayern u. a. verlangt, der Dünger solle nicht länger als 14 Tage auf dem Markt liegen, es sei denn mit Erlaubnis der Bürger oder des Richters; daß in der Stadt Göttingen 1330 und in Mecheln 1348 verordnet werden mußte, die Bürger sollten alle 14 Tage die Straße fegen lassen, und daß es in einem Lobgedicht auf Nürnberg aus dem Jahr 1490 heißt:

„Auch ist ein Knecht dazu bestellt,
Der alle Tag mit der Bütte geht,
Ob jemand hingeworfen hätt'

Tote Säu', Hund' oder Katzen,
Faulende Hühner oder Ratzen;
Wo er die find't,
Er nimmt's empor,
Trägt's in der Bütte vor das Tor,
Damit die Gaß gesäubert wird."

Die Hauptschuld an der schmutzigen Beschaffenheit der Straßen trug der Umstand, daß die Bürger fast durchgängig neben ihrem Hauptberuf auch noch etwas Ackerbau oder doch wenigstens Viehzucht trieben, selbst in größeren Städten, wie Nürnberg, Ulm und Augsburg. Namentlich hielt man sehr viel Schweine, und diese durften fast überall, wenn sie nicht gerade vom Stadthirten auf die Weide getrieben wurden, frei in den Straßen umherlaufen. Erst gegen das Ende des Mittelalters wurde ihnen diese Freiheit vielfach durch Ratsverordnung beschränkt oder ganz entzogen.

Häuser, die wegen Armut ihrer Besitzer verfallen waren, ließ man oft jahrelang in Schutt und Trümmern liegen und so zu Sammelplätzen des Schmutzes werden. Bäche, die durch die Straßen flossen, wurden weder eingewölbt noch auch nur mit Steinen eingedämmt, und eine sanitäre Straßenpolizei war fast unbekannt. Daß unter solchen Umständen recht oft verheerende Epidemien ausbrachen und reißend schnelle Verbreitung fanden, ist wohl erklärlich; besonders traten sie in dem Jahrhundert von 1350 bis 1450 außerordentlich häufig auf und dezimierten die städtische Bevölkerung in der grausamsten Weise. Wenn auch die Zahl der Opfer von den Chronisten augenscheinlich in der Regel stark übertrieben wird und ihren Angaben gegenüber alle Vorsicht geboten ist, so läßt sich doch nicht verkennen, daß die Verluste an Menschen oft erschreckend hoch waren. Außer der Pest oder Pestilenz werden uns als epidemische Krankheiten speziell genannt: Fluß und Husten — z. B. in Straßburg 1387 und 1403 —, Krankheit der Drüsen und böse Hitze — in Köln 1401 —, Schnupfen, Stickfluß und Husten — in Sachsen 1404 —, Drüsen und Blattern — in Österreich 1410 und in Köln 1421 — und Keuchhusten — in Augsburg 1466. Besonders merkwürdig sind der Tannewetzel und die mit ihm nahe verwandten Krankheiten, die den Namen Bürzel, Ganser, Ziegenpeter und Mums führen. Ihnen allen gemeinsame Merkmale sind heftiges Fieber, katarrhalische Störungen und Gesichtsschwellungen. Sie kehren an vielen Orten wieder und sind augenscheinlich influenzaartige

Epidemien gewesen. Das Wort Tannewetzel bedeutet „Schlag an die Schläfe" und weist darauf hin, daß man den Erreger der Krankheit in einem dämonischen Wesen vermutete; die gleiche Vorstellung verknüpfte man ja auch seit uralter Zeit mit dem Hexenschuß, Alpdrücken, Schlagfluß, Fieber und, seit der Einführung des Christentums, auch mit den Geisteskrankheiten. Der niedrige Stand der Heilkunde und die dadurch veranlaßten abergläubischen Erklärungen der Pestgefahr hatten zur Folge, daß man gegenüber den oben erwähnten Epidemien die Hände in den Schoß legte und sich fast ganz untätig verhielt.

Ihren Namen erhielten die Straßen zum guten Teil von den Handwerkern, die vorzugsweise darin wohnten oder ihre Verkaufsbuden darin stehen hatten — daher z. B. Weber-, Schuster-, Häfner-, Metzgergasse usw. —, vielfach auch von bemerkenswerten Gebäuden, die darin lagen — z. B. Kirch-, Kapellen-, Burg-, Schloßgasse usw. —, von den Toren, zu denen sie führten, von fremden Nationen, deren Angehörige zeitweilig oder dauernd in ihnen ansässig waren — Engländergasse in Lübeck, Friesengasse in Worms und Braunschweig, Lampert- d. h. Lombardengasse, Wallonengasse u. dergl., auch die Judengassen gehören hierher — oder von besonderen Ständen — Pfaffengasse, Rittergasse. Die einzelnen Häuser waren nirgends wie bei uns numeriert, sondern wurden nach den Besitzern bezeichnet oder durch Angabe der Nachbarn näher bestimmt, auch wohl nach den an ihnen angebrachten Wappen oder Wandmalereien benannt, z. B. Leopard, wildes Schwein, Tanne, roter Ring, blaue Perle, oder endlich mit Scherznamen belegt, wie „zum Schlaraffen", „zur Heuschrecke", „zur kalten Witwe" u. a. m. Die Straßen zu beleuchten war im allgemeinen nicht üblich; mancherorts hingen in der Nähe der Brücken Laternen, die ihr Dasein frommen Stiftungen verdankten; sonst pflegte der Rat von den Bürgern gewöhnlich nur zu verlangen, daß im Falle einer Feuersbrunst und bei Störung der öffentlichen Sicherheit jeder ein Licht an seinem Hause aushängen solle. Das gleiche geschah, selten und ausnahmsweise, wenn hoher fürstlicher Besuch in der Stadt weilte, und entsprach dann etwa der bei uns in solchen Fällen üblichen Illumination. Für gewöhnlich aber war es, abgesehen von der Zeit des Vollmondes, des Nachts auf den Straßen dunkel. Daher konnte denn leicht Unfug getrieben werden, und um dem zu steuern, sperrte man in manchen Städten schon bei Einbruch der Dunkelheit die Hauptstraßen durch Ketten ab, ließ bereits um 9 Uhr in den öffentlichen Wirtshäusern die Polizeistunde beginnen, steckte jeden, der sich später ohne Laterne außer dem Hause betreffen ließ, in den Turm und schritt gegen alle Ruhestörer mit strengen, ja oft grausamen Strafen ein. So mußten 1496 in Nürnberg zwei Perlenmacher, die einen Scharwächter geschlagen und nächtlichen Lärm verübt hatten, eine halbe Stunde am Pranger stehen, dem Beleidigten eine Geldbuße entrichten und dann die Stadt verlassen. In Breslau faßte man am 26. Juli 1502 einige junge Bäckermeister bei nächtlichem Unfug ab und diktierte ihnen dafür Gefängnis bei Wasser und Brot zu, von acht Tagen bis zu einem Vierteljahr. Noch schlimmer erging es etlichen Gesellen, die am 13. Februar 1446 in Augsburg des Nachts Spektakel gemacht und im Übermut mehrere Leute verwundet hatten: von den beiden Hauptschuldigen wurde der eine mit Ruten gestrichen, dem anderen wurden die Augen ausgestochen.

3. Bauart und Ausstattung der Privathäuser.

Die Häuser der inneren Stadt hatten meistens eine schmale Front, aber eine beträchtliche Höhe und eine bedeutende Ausdehnung nach dem Hofe zu. Das Baumaterial war anfangs ausschließlich, später, beim Fachwerkbau, immer noch vorwiegend Holz (vgl. o. S. 34 und 71). Da man nun zuerst gar keine Schornsteine hatte und später, als sie in Gebrauch kamen, sie nur alle vier oder fünf Jahre einmal fegen ließ, so war die Feuersgefahr sehr groß, und man konnte ungefähr auf jedes Menschenalter in jeder Stadt einen großen verheerenden Brand rechnen. Die Brände wären noch häufiger und gefährlicher gewesen, wenn man nicht wenigstens das Löschwesen schon früh leidlich geordnet hätte. Der Löschdienst war allgemeine Bürgerpflicht, doch pflegte man in Wirklichkeit nicht alle Bürger, sondern bloß bestimmte Gruppen von Handwerkern heranzuziehen. Brach ein Brand aus, dann eilte auf den Ruf der Feuerglocke die Feuerwehr, wozu namentlich die Zimmerleute, Steinmetzen, Bader, Schmiede, Dachdecker und Brauer gehörten, an die Brandstätte, indes die übrigen Bürger, die nicht am Rettungswerk beteiligt waren, unter ihren Viertelsmeistern auf gewissen, vorher bestimmten Alarmplätzen zusammentraten und dann von dort abrückten, um die Mauern und Tore der Stadt

Schöner Brunnen in Nürnberg. (Nach einer Photographie von Ph. Schmid.)

zu besetzen; denn bei der öffentlichen Unsicherheit, die damals herrschte, mußte man gerade bei solchen Gelegenheiten eine Gefährdung der Stadt durch äußere Feinde befürchten. Wer zuerst Wasser an die Feuerstelle brachte, erhielt an manchen Orten eine besondere Belohnung. Die zum Löschen notwendigen Geräte, wie Leitern, Hacken, Äxte, Ledereimer, Bütten und Wasserfässer, hielten teils die städtischen Behörden an gewissen Stellen in Bereitschaft, teils gehörten sie einzelnen Bürgern oder Zünften und sonstigen bürgerlichen Vereinigungen. Das Herbeischaffen von Wasserfässern war oft Sache derjenigen Gewerbetreibenden, welche Pferde hielten, z. B. der Lohnfuhrwerker und Müller. Die Spritzen kamen, wie es scheint, im 15. Jahrhundert auf, wahrscheinlich zuerst in Nürnberg; von dort bezogen sie wenigstens im Jahr 1440 die Bewohner von Frankfurt a. M. Es waren einfache Handspritzen, denn die später gebräuchlichen größeren Feuerspritzen wurden erst um 1600 erfunden. Die Aufgabe, des Feuers Herr zu werden, erleichterten in manchen Städten öffentliche Brunnen und Wasserleitungen. In Lübeck legte man eine solche schon ums Jahr 1291 an (s. o. S. 71), in Zittau 1374, in Bern 1393 und in Augsburg 1416. Der berühmte „Schöne Brunnen" in Nürnberg ist von 1385 bis 1396 erbaut, der zierliche, aus Blei gegossene Brunnen vor dem Rathaus zu Braunschweig im Jahr 1408 hergestellt worden; ähnliche Werke aus dem Ende des 15. Jahrhunderts treffen wir in Rottenburg, Luzern und Ulm. Zur Abwendung der Feuersgefahr schrieb hier und da der Rat schon im 14. Jahrhundert den Bürgern vor, sämtliche neuen Gebäude aus Stein oder wenigstens aus Fachwerk zu errichten und nicht mehr Dächer aus Schindeln oder Stroh darauf zu setzen. Aber allzuviel nutzten auch diese Verordnungen nicht, zumal derselbe Rat es geschehen ließ, daß so leicht entzündliche Stoffe wie Pulver, Pech, Firnis u. dgl. innerhalb der Stadt fabriziert wurden und daß oft eine ganze Anzahl kleiner Häuser ohne trennende Brandmauern ein einziges Dach erhielten. Nur im Nordosten Deutschlands baute man mit der Zeit überwiegend Stein- und zwar Backsteinhäuser, während sonst der Fachwerkbau vorherrschte — so in Niedersachsen und am Rhein — oder sich doch Stein- und Fachwerkbau das Gleichgewicht hielten. Wo die letztere Bauweise bestand, pflegten die oberen Stockwerke der Häuser die unteren mehr oder weniger weit zu überragen, was sich aus dem verwendeten Material erklärt; weil aber diese Vorkragungen dazu beitrugen, die an und für sich schon schmalen und lichtlosen Straßen — ganz besonders eng waren sie in

Mainz — noch mehr zu verengen und zu verdüstern, so schritt man, hauptsächlich in Süddeutschland, schon frühzeitig dagegen ein und untersagte sie entweder, so in Straßburg und Worms um 1350, oder suchte sie mindestens zu beschränken, so in Ulm 1427. Im Norden dagegen setzte man die alte Bauweise noch sehr lange fort; das beweisen uns u. a. die schönen Holzhäuser von Hildesheim, Halberstadt und Braunschweig. Gleich den Häusern baute man auch die Brücken bis in späte Zeiten aus Holz auf. In Nürnberg wurde erst im Jahre 1457 eine steinerne Brücke geschaffen.

Holzhaus in Halberstadt.

Die Fassade der Häuser war anfangs ziemlich schmucklos. Nur Erkerchen und Wappenschilder unterbrachen die glatte Fläche, und den Giebel schmückten oft kleine Türmchen oder Zierkamine, d. h. hübsche Schornsteine, die auf konsolartigen Untersätzen ruhten und aus der Giebelwand etwas hervortraten. So hören wir, daß am 18. Oktober 1356 ein heftiges Erdbeben in Straßburg viele derartige Zierkamine auf die Straße warf und ihre Anlage deshalb im folgenden Jahre ganz verboten wurde. Heute finden sie sich nur noch an einigen Häusern in Trier. Seit dem 15. Jahrhundert bemühte man sich, die Vorderseite des Hauses immer reicher und schöner zu gestalten: war es aus Stein erbaut, so erhielt es mancherlei plastischen Schmuck, Holzteile dagegen wurden durch Schnitzwerk verziert, und wo größere

Nassauer Haus in Nürnberg. (Nach einer Photographie von Ph. Schmid.)

Flächen zu Gebote standen, da brachte man geschmackvolle Malereien an. Von letzteren ist uns aus dem Mittelalter leider nichts mehr erhalten geblieben, aber die Fassadengemälde des

16. Jahrhunderts, die sich noch in manchen Schweizerstädten vorfinden, lassen uns erkennen, daß sich solche Häuser recht schön und stattlich ausgenommen haben. Die Motive zu ihren Darstellungen entlehnten die Maler oft dem Namen des betreffenden Hauses, wie beispielsweise der jüngere Hans Holbein, als er das Baseler Haus „Zum Tanz“ mit der Wiedergabe eines Bauerntanzes versah.

Backsteinhaus in Greifswald.
(Nach Springer, Kunstgeschichte II⁵, Fig. 300.)

Leider wissen wir auch nicht viel von den Einrichtungen der mittelalterlichen Wohnhäuser. Denn nur wenige haben sich in alten Städten, wie Trier, Regensburg, Gelnhausen, Köln und Frankfurt, aus dem frühen Mittelalter bis auf unsere Zeit erhalten — in Nürnberg stammen die ältesten Privathäuser mit geringen Ausnahmen erst aus dem Ende des 15. Jahrh. — und die erhaltenen sind im Laufe der Jahrhunderte gerade in ihren inneren Teilen, zumal dem Erdgeschoß, fast völlig umgebaut worden. Nur mit Hilfe spärlicher Überreste und einiger Abbildungen können wir uns noch eine Vorstellung davon machen, wie die einzelnen Räume verteilt und angeordnet waren und wie es darin aussah. Im 14. Jahrhundert war die Einrichtung des Innern jedenfalls noch sehr primitiv: das Haus enthielt im Erdgeschoß regelmäßig bloß einen einzigen Raum, der als Lager- und Arbeitsraum diente — bloß in den Häusern der

Kaufleute war in einer Ecke eine kleine Schreibstube davon abgetrennt — und nur in den oberen Stockwerken kleinere Gelasse, die als Wohn= und Schlafzimmer der Familie und des Gesindes, als Küche, Kammern usw. benutzt wurden. Die Wohn= und Schlafräume waren niedrig und nur dürftig aus= möbliert; einige Truhen, Bänke, Tische und Betten machten in der Hauptsache den ganzen Hausrat aus, und von künstlerischem Schmuck und anmutender Behaglichkeit war wenig zu verspüren. Den kalten Fußboden der Zimmer, der aus Lehmschlag, Estrich oder Plattenbelag bestand, bedeckten einfache Binsenmatten, selten

Diele. (Bremen, Langenstraße 112.)

Teppiche, und die Öffnungen in den Fensterläden, die mit feiner Leinwand, geöltem oder gefirnißtem Papier, Tierblasen und Pergament verklebt waren, boten dem Tageslicht nur ganz unzureichenden Durchlaß. Stadtrechnungen von Basel, Bern und Hildesheim aus dem 14. Jahrhundert lassen uns erkennen, daß man damals nicht einmal die Fenster der öffent= lichen Gebäude mit Glas, sondern nur mit Leinwand verschloß. Ebenso mangelhaft sah es mit den Heizvorrichtungen aus. Erst ganz allmählich gewannen die Räume ein wohnlicheres Ansehen, und erst gegen Ende des 15. Jahrhunderts entfaltete sich bei reicheren Leuten jene luxuriöse Pracht, die von den Sitten=

predigern, wie Geiler von Kaisersberg und Sebastian Brant, ebenso lebhaften Tadel erfuhr, als sie fremden Reisenden, welche die deutschen Städte besuchten, Anlaß zu begeistertem Lob der großartigen inneren und äußeren Ausstattung der größeren deutschen Bürgerhäuser gab. Daß dieses Lob zum guten Teil berechtigt war, beweisen uns die herrlichen Bauwerke, die uns z. B. in Hildesheim und Nürnberg aus jener Zeit noch erhalten sind, und die prächtigen Erzeugnisse, die jenes klassische Zeitalter des deutschen Kunsthandwerks hinterlassen hat.

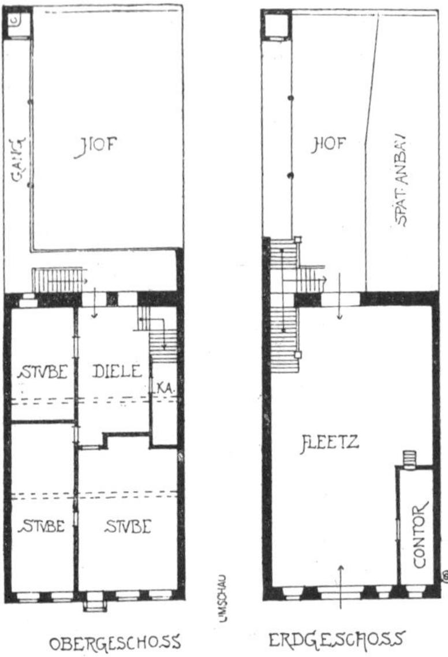

Deutsches Kaufmannshaus am Ausgang des Mittelalters.
(Nach Stiehl in der „Umschau", V. Jahrg. S. 1031.)

Während des 15. Jahrhunderts verbreitete sich der Gebrauch von Glasscheiben. Sie wurden zunächst bloß dem oberen Teile der hölzernen Fensterläden eingefügt, dann auch der unteren Hälfte, blieben jedoch bis ins 16. Jahrh. hinein sehr klein und verhinderten dadurch, sowie durch ihre grüne Farbe und breite bleierne Einfassung, daß man die Personen und Vorgänge der Außenwelt von den Zimmern aus deutlich wahrnehmen konnte. Die Fußböden wurden jetzt wenigstens zum Teil gedielt, öfter aber mit roten und weißen Steinfliesen belegt und mit Teppichen bedeckt. Die Wände waren einfach getüncht und nur in besseren Zimmern zur Hälfte oder ganz getäfelt. Größere Fortschritte machte die Technik der Heizung: seit dem 14. Jahrhundert kamen in Süddeutschland die mächtigen, von außen her geheizten Kachelöfen auf, in Norddeutschland mehr die Kamine. Aber nicht in allen Zimmern war eine Feuerung vorgesehen. In Braunschweig z. B. versah man gewöhnlich nur ein einziges Zimmer, die sog. Stube, mit einem Kamine, und dort hauste den Winter über die ganze Familie. Unmittelbar vor dem Kamin stand in der Regel eine lange Bank mit beweglicher Rückenlehne und einigen Kissen, der Ehrenplatz für etwa anwesende Gäste. Die Kachelöfen bestanden ursprünglich aus großen viereckigen Näpfen oder Schüsseln, die so übereinander gelegt waren, daß sie die hohlen Seiten nach außen kehrten. Der Rauch wurde anfangs durch einen dachförmigen Mantel aus Holz oder Fachwerk mit Lehm nach einer Öffnung in der Außenwand abgeführt. Die Ableitung des Rauches vermittelst eines über das Dach hinausragenden steinernen Schornsteins drang erst im 15. Jahrhundert allgemein durch. Die Brünner Bauordnung, etwa vom Jahre 1430, verlangt sie erst für solche Handwerker, die viel mit dem Feuer zu tun haben, wie Schmiede, Bäcker u. dgl; in Bremen wanderte 1453 der erste Schornsteinfegermeister ein, und am Mittelrhein mußten die Bauordnungen noch 1491 darauf dringen, daß man Schornsteine anlegen solle.

Außer der Bank am Kamin oder Ofen gab es noch mehrere längs den Zimmerwänden; seltener waren Stühle und Sessel im Gebrauch. Die Mitte des Wohnzimmers nahm ein schwerer viereckiger Tisch ein. Dazu kamen dann noch Truhen, Wandschränke, Konsolen, Bretterborden mit allerlei Gerät, wie Kannen, Krügen und Pokalen, ferner Leuchter, Spiegel, eine Sanduhr und endlich ein Waschbecken nebst Handtuch. Das gewöhnliche Beleuchtungsmittel waren Talgkerzen, die man auf hölzerne oder metallene Hängeleuchter oder auf mannigfach geformte Stand- und Wandleuchter steckte. Daneben hielten sich aber auch noch die altüberlieferten, mit Talg gefüllten Lichtnäpfe im Gebrauch. Die Spiegel hatten meistens eine konvexe Form, so daß sie das Bild des sich Beschauenden verzerrt wiedergaben, wie unsere Vexierspiegel, und einen runden schmalen Metallrahmen. Erst später lernte man die Kunst, das Glas flach zu gestalten, und gab schließlich auch den Spiegeln einen viereckigen Rand. Viele Leute hielten sich muntere Singvögel, wie Nachtigallen und Stieglitze, und hängten oder stellten sie in hübschen Käfigen auf; Vornehme beliebten statt dessen Papageien und Affen zu unterhalten. Die Betten jener Zeit waren den unsrigen ganz ähnlich, nur häufiger als jetzt durch Betthimmel und Gardinen nach außen hin abgeschlossen. Ganz besonders schön pflegte man die größeren Schränke zu gestalten; sie erhielten reichen Schmuck durch Schnitzereien, Bemalung und Metallbeschläge. Das Küchengerät bestand großenteils aus Kupfer, Messing und Zinn, auch vielfach aus Ton oder Holz. Nur ganz reiche Familien verfügten über Geschirr aus Gold, Silber, Bergkristall und weißem Glas; sie allein hatten auch eigene Badestuben und ließen ihre Zimmer mit Decken- und Wandmalereien oder Tafelbildern ausschmücken. So besaß der Mainzer Domherr Graf Johann von Eberstein ein schönes Haus in Wiesbaden, das höchst merkwürdige Wandgemälde aufwies; es waren nämlich auf ihnen die Sitten und Laster jener Zeit, der zweiten Hälfte des 14. Jahrhunderts, geschildert, Turniere, Fehden, Ausplünderungen der Bauern, Belagerungen von Burgen, hauptsächlich aber das üppige Badeleben in Wiesbaden selbst mit seinen nicht immer angenehmen Folgen.

4. Die öffentlichen Gebäude.

Es versteht sich von selbst, daß die Privathäuser unserer alten Städte je nach dem Stande und Vermögen ihrer Besitzer sehr verschieden waren an Größe und Schönheit, an Baumaterial und innerer Ausstattung, aber im Durchschnitt trugen sie doch einen schlichten, bescheidenen Charakter. Weit imposanter dagegen und oft geradezu großartig, selbst nach unseren Begriffen, waren die öffentlichen Gebäude, vor allem die Rathäuser und Pfarrkirchen. Daß man keine Kosten und keine Mühe scheute, um solche Gemeindebauten möglichst prächtig und in möglichst großen Verhältnissen aufzuführen, ja daß man in diesem Bestreben nicht selten über seine Kräfte hinaus ging, das ist ein Beweis von dem hohen, opferbereiten Gemeinsinn, der die deutschen Bürger damals beseelt hat.

Im Mittelpunkt der Stadt, am Marktplatz, erhob sich das stolze Rathaus, der Brennpunkt des gesamten öffentlichen Lebens: da hielt der Rat seine Sitzungen, da beriet zu gewissen Zeiten die ganze Gemeinde, da sprachen die Ratsherren, vielfach auch, wenn ihnen kein besonderes Amtsgebäude zugewiesen war, die Schöffen, Recht oder vollzogen Akte der freiwilligen Gerichtsbarkeit, da spielte sich die Ratswahl ab, der feierliche Empfang von Fürstlichkeiten, die Huldigung an den Landesherrn, da lag das Rentamt, die Schatzkammer und das städtische Archiv, da hielt man an Markttagen allerlei Waren feil, da feierten die ratsfähigen Geschlechter ihre Feste, und da gab es endlich nicht selten auch schauerliche, tief in der Erde versteckte Gefängnisse.

Das Rathaus zu Braunschweig. (Aus dem 14. Jahrhundert.)

Gewöhnlich waren die Rathäuser nur einstöckig, aber mit einer hohen, reich verzierten Giebelwand versehen. Unter der Erde dehnte sich der Ratskeller aus, worin große Massen von Wein lagerten, der teils für die Feste der Ratsherren bestimmt war, teils, wenn sich die Stadt das Monopol des Weinhandels vorbehalten hatte, für den Verkauf hier aufbewahrt wurde oder aber privaten Weinhändlern gehörte und der besseren Steuerüberwachung halber gegen Lagergebühr hier unter Verschluß lag. Die weite Halle des Erdgeschosses diente als Durchgang oder während der Marktzeit zum Auslegen von Waren, und der obere Stock enthielt neben einigen kleineren Räumen den großen Saal für die Bürgerversammlungen, Feste und Ratssitzungen. Dieser Saal, gleichsam das Herz des ganzen Gebäudes, war an Decke, Wänden und Türen mit allerlei Zierat bekleidet. Die Bänke der Ratsherren, die Türen und Wände trugen zudem in der Regel kurze, kernige Sprüche, die auf den Zweck des Raumes Bezug nahmen und insbesondere zu strenger Gerechtigkeit mahnten. Der Hauptschmuck des Saales aber bestand in prächtigen Fenster- und Wandmalereien. Besonders beliebte Sprüche waren „Audiatur et altera pars“ und „Eines Mannes Rede ist halbe Rede, man soll die Part verhören beede“, und den Gegenstand der größeren Gemälde bildete vielerorten das Urteil Salomonis oder das jüngste Gericht, mitunter aber auch Beispiele unparteiischer Justiz, die in den Werken klassischer Schriftsteller überliefert sind. Die Maler solcher Bilder wurden oft anzüglich, wie einst in Bremen, wo sie den dargestellten ungerechten Richtern die Köpfe einiger mißliebiger Domherren gaben, was zu einem langen Prozeß führte. Erhalten sind uns u. a. Rathaussäle in Lüneburg, Goslar und Überlingen, welche aus dem Ende des Mittelalters stammen und mit Schnitzereien und Gemälden reich ausgeschmückt sind.

Über oder neben dem Rathaus ragte häufig ein mächtiger Turm auf, von dessen Spitze zuweilen ein Wächter Umschau hielt nach drohenden Feinden oder nach Feuersgefahr. Da war die Stadtuhr angebracht und die Sturmglocke, die die wehrfähigen Bürger zu den Waffen rief. Solche Türme finden wir z. B. in Rothenburg a. d. Tauber, in Halle a. d. Saale, Thorn, auch hier und da in den Städten Flanderns. In der Regel hatten aber letztere für die erwähnten Zwecke einen besonderen Stadtturm, beffroi, der für sich allein stand oder mit einem Kaufhaus in Verbindung gebracht war. Anderswo erfüllten Kirchtürme die Aufgaben solcher Stadttürme.

In späterer Zeit wurde in vielen Städten die Verwen-

Inneres des Schifferhauses. (Nach „Lübeck, seine Bauten u. seine Kunstwerke".)

dung des Rathaussaales zur Abhaltung von allerlei Festlichkeiten, wie Ratsschmäusen, Hochzeiten, Tanzvergnügungen und Fastnachtsmummereien, verboten. Dann richtete man für diese Zwecke entweder besondere Räume des Rathauses ein, oder man baute einen besonderen Festsaal neben dem Rathaus, so in Lübeck schon im Jahre 1308. Ferner errichtete man auch wohl eigene Gesellschaftshäuser, wie die Artushöfe in Danzig und Elbing, oder Tanzhäuser, deren schönstes Beispiel, der Kölner

Gürzenich — 1441 begonnen —, bis heute den Stürmen der Zeit Trotz geboten hat. Solche Gebäude waren teils nur für einzelne Kreise der Bürgerschaft bestimmt, teils stand ihre Benutzung allen Bürgern ohne Unterschied frei.

Unweit des Rathauses standen in zahlreichen Städten des westelbischen Norddeutschlands und des früher slawischen Kolonialbodens sog. „Rolande", über deren Ursprung und Bedeutung die Gelehrten seit Jahrhunderten hin und her gestritten haben. Die Rolande sind verschiedener Herkunft, und die Vorstellungen, die man mit ihnen verknüpfte, haben sich im Laufe der Zeit erheblich gewandelt. Der älteste von ihnen wurde um das Jahr 1250 in Magdeburg errichtet und war eine hölzerne Figur, die in der erhobenen Rechten ein bloßes Schwert trug. Nach ihr pflegten die jungen Patriziersöhne alljährlich zu Pfingsten in ritterlichem Spiele zu hauen und zu stechen; ähnliche Pfingstspiele jener Zeit waren der Schildbaum, die Tafelrunde und das Gralsspiel. Von Magdeburg aus verbreitete sich das Rolandsspiel nach Hamburg, Bremen, Lübeck, Zerbst, Berlin, Brandenburg, Halberstadt, Nordhausen, Elbing und vielen anderen Städten des nordöstlichen Deutschlands bis nach Riga in Livland. Den ersten steinernen Roland finden wir in Bremen, im Jahre 1404; es ist dasselbe riesige Monument, das noch jetzt den Platz vor dem Bremer Rathaus ziert. Seine Bedeutung aber war eine ganz andere als die der älteren aus Holz geschnitzten Rolande: er sollte ein stolzes Wahrzeichen der angeblich von Karl dem Großen und anderen Fürsten der Stadt Bremen verliehenen „Freiheiten" sein und zugleich ein sichtbarer Ausdruck des starken Selbstbewußtseins, das gerade damals die Bürger dieser aus eigener Kraft zu einer großen Machtstellung emporgestiegenen Stadt beseelte. Etwa ein Menschenalter später ging man dann an den verschiedensten Orten dazu über, in Nachahmung des Bremer Rolands an Stelle der alten hölzernen Rolande steinerne zu errichten. Dabei verknüpfte sich, in Anlehnung an den unechten Roland von Halle, der ursprünglich nur den Burggrafen von Magdeburg als höchsten Gerichtsherrn von Halle darstellte, mit den neuen Bildern die neue Vorstellung, daß sie Sinnbilder seien von besonderen Vorrechten in Recht und Gericht, die den betreffenden Städten als Sitzen selbständiger Stadt- oder höherer Landgerichte zustünden. So sind die märkischen Rolande durchgängig Gerichtswahrzeichen. Endlich, am Ausgang des 15. Jahrhunderts, als manche Städte nach der Reichsunmittelbarkeit strebten, kam, wieder nach dem Vorgang Bremens, an einigen Orten die Vorstellung von einer politischen Bedeutung der Rolande auf, derzufolge sie beweisen sollten, daß die Städte, in denen sie standen, den Anspruch auf Reichsfreiheit besäßen.

Auf dem Marktplatz vor dem Rathaus fanden oft peinliche Exekutionen statt. Denn neben der niederen Gerichtsbarkeit, welche die Städte schon früh an sich brachten, gewannen viele Reichs- und ein großer Teil der Landstädte allmählich auch das Hochgericht, also das Recht, über Leben und Tod zu entscheiden. Von diesem Rechte haben sie in der umfassendsten Weise Gebrauch gemacht. Viele Tausende und Abertausende von Menschen sind während der zweiten Hälfte des Mittelalters in den deutschen Städten auf richterlichen Urteilsspruch hin vom Leben zum Tod gebracht worden. Aber dies geschah nicht etwa aus besonderer Grausamkeit, sondern weil die Menschen in jener Zeit noch gar zu sehr des rechten Maßes und der Selbstbeherrschung ermangelten und sich nur allzu leicht von ihren jähen, ungezügelten Leidenschaften zu einer schweren Tat hinreißen ließen, die nach damaliger Anschauung der Tod allein zu sühnen vermochte. Im Jahre 1527 sah der Ratsschreiber Schmitt in Lübeck die dortigen Gerichtsbücher nach und berechnete aus ihnen, daß, seitdem die Stadt Recht und Urteil gehabt habe, 18489 Männer und Frauen in ihr hingerichtet worden seien. Im späteren Mittelalter kamen in Lübeck durchschnittlich 50 Hinrichtungen auf das Jahr. Sie fanden anfangs hier wie in anderen Städten vor dem Rathaus statt, später aber vollzog man die Todesstrafe gewöhnlich draußen am Rabenstein und zwar entweder mit Hilfe des Galgens oder mit dem Schwert. Das letztere, das Köpfen, galt als die mildere und weniger schimpfliche Art des Strafvollzugs und wurde daher vorzugsweise bei vornehmeren Verbrechern in Anwendung gebracht. Es erforderte aber von seiten des Scharfrichters eine große Gewandtheit und Kraft, weil man den Verurteilten nicht festschnallte, sondern einfach niederknien ließ. So bedurfte es nicht selten mehr als eines Streiches, um den Kopf vom Rumpfe zu trennen — in Konstanz erhielt im Jahre 1483 ein armer Sünder fünf, ein anderer gar acht Hiebe —, aber es gab andererseits auch wieder Meister im Köpfen, die zwei Delinquenten gleichzeitig vor und hinter sich Platz nehmen ließen und in einem Schwung beide zusammen enthaupteten; das hat z. B. im Jahre 1501 ein Scharfrichter in Nürnberg zuwege gebracht. Die Strafe des Hängens, welche besonders die Diebe traf, wurde bisweilen auf eine sonderbare Weise verschärft; so berichtet die Magdeburger Chronik zum Jahre 1473: „Da hängte man hier einen Juden, genannt Isaak, bei den Füßen auf und

Haus Gürzenich in Köln. (Nach A. Schultz, Deutsches Leben im 14. u. 15. Jahrh.)

neben ihm zween Hunde." Frauen wurden nicht gehängt, sondern statt dessen lebendig begraben. Dieses Los ereilte z. B. im Jahre 1500 ein Weib in Nürnberg, das viele Diebstähle begangen hatte. Es sollte schon früher einmal im Rhein ertränkt werden, doch war das damals nicht geglückt. Den Grund des Mißlingens hatte die Frau selbst nachher so angegeben: „Da hatte ich zuvor vier Maß Wein getrunken, vor demselben konnte kein Wasser in mich kommen." — Gleich dem Hängen wurde auch das Ersäufen und Verbrennen vor den Toren der Stadt ausgeführt. Der Feuerstod stand auf Hexerei, Ketzerei, Brand-

Körperliche Strafen. (Nach A. Schultz, Deutsches Leben im 14. u. 15. Jahrh.)

stiftung und schweren Sittlichkeitsverbrechen. Besonders grausam war auch das Rädern, da es die Todesqualen oft sehr in die

Länge zog. Im Jahre 1476 wurde ein Brauersknecht wegen Mordes zu Nürnberg gerädert und erhielt dabei fünf Stöße mit dem Rad auf Hände und Füße, dann vier auf das Genick, ohne doch die Besinnung zu verlieren, denn er sprach bis zum letzten Stoß dem neben ihm stehenden Mönch seine Gebete nach. — Sehr häufig wurden Vergehen mit dem Ausstechen der Augen geahndet, z. B. 1434 an einem früheren Mönch in Konstanz der Gebrauch falscher Würfel. — Dem Gotteslästerer schnitt man die Zunge aus, dem Fälscher drückte man Brandmale auf Stirn oder Backen auf, und dies ist im Jahre 1503 sogar dem berühmten Bildschnitzer Veit Stoß in Nürnberg passiert. Falschmünzer wurden in siedendes Öl oder Wasser geworfen. Diesen grausamen Tod erlitt z. B. in Worms 1493 ein junger Gesell aus Erfurt, bei dem man falsche Münzen und Münzstempel gefunden hatte. Auch das Abhauen der Hände und Abschneiden der Ohren war nicht selten. Gewöhnlich aber strafte man leichtere Vergehen durch öffentliches Auspeitschen mit Ruten, wobei man den Übeltäter zuweilen an einer besonderen Säule, der Staupsäule, festband. Die Strafe war nicht ganz ungefährlich, denn die Knechte des Scharfrichters schlugen oft sehr derb zu. Daher durften sich in Nürnberg die Ausgestäupten noch drei Tage lang in dem Orte Schweinau auf städtischem Gebiet aufhalten und ausheilen lassen, ehe sie das Weichbild der Stadt für immer verließen. Im Jahre 1500 wurde ein Barbier in Nürnberg wegen gotteslästerlicher Schwüre d. h. Flüche ausgehauen; von einem anderen Missetäter gibt die Chronik an: „Er hat einen Rat und die ganze Gemeinde geschimpft und gelästert", von einem dritten: „Er hat den Rat und den Bürgermeister und die ganze Gemeinde geschmäht und Bluthunde geheißen und Schandlieder gesungen". — Das Prangerstehen war eine bloße Ehrenstrafe. Ein ziemlich gut erhaltener, reich verzierter Pranger aus dem Anfang des 16. Jahrhunderts ist noch in Schwäbisch-Hall vorhanden. An einem solchen Pranger schloß man die Sünder fest und gab sie dann kürzere oder längere Zeit dem Spott und Mutwillen der Menge preis. Diese Strafe verhängte man z. B. über eine Frau in Nürnberg, die einem Gefangenen zur Flucht verholfen hatte; sie hatte, so heißt es, ihm eine Steigleiter in einer gebratenen Gans und einen halben Steinpickel in einer Kanne hineingegeben. Verschärft wurde das Prangerstehen noch durch das Tragen von Lästersteinen. Sie waren oft bis zu einem Zentner schwer, und man ließ sie auch, zu zweien durch eine Kette verbunden, von einem Ende der Stadt zum anderen tragen, und zwar von Weibern, die sich geschlagen oder mit Schmähworten beleidigt und dadurch öffentliches Ärgernis gegeben hatten. Mehr scherzhaft zu nehmen war es, wenn man Bäcker, die das Brot zu leicht buken, auf Wippen setzte und, nachdem man sie mehrmals emporgeschnellt hatte, schließlich ins Wasser fallen ließ oder wenn man Trunkenbolde in einen am

Pranger zu Schwäbisch-Hall. (Nach Schultz, Deutsches Leben.)

Rathaus hängenden Käfig sperrte, wie das z. B. in Breslau während des 15. Jahrhunderts zu geschehen pflegte. — Was die Haft anbetrifft, so war sie in der Regel nicht Straf-, sondern nur Untersuchungshaft. Zur Unterbringung der Gefangenen, größtenteils Kriegsgefangenen, dienten einzelne Räume in den Türmen der Stadtmauer (s. o. S. 110) und unter dem Rathaus; besondere Gefängnishäuser kommen erst gegen Ende des Mittelalters vor. Manche Gefangene wurden in den Stock gespannt, d. h. ihre Füße, mitunter auch noch die Hände, in die Öffnungen eines durchlöcherten Holzes eingeschlossen. Von einer humanen Behandlung der Eingesperrten war natürlich keine Rede. — Als Vollstrecker sämtlicher Strafen fungierten die

Henker und ihre Knechte. Sie führten auch zumeist die Aufsicht über die Gefängnisse und mußten in einem Raume neben dem Gerichtszimmer im Rathaus gegenüber Angeklagten, die nicht gestehen wollten, die peinliche Frage d. h. die Folter in Anwendung bringen.

Unweit des Rathauses standen ferner in vielen Städten ein oder mehrere Kaufhäuser, oft prachtvolle monumentale Bauten, die mit ihren zwei oder drei Stockwerken die Breitseite des Haupt- oder irgend eines Spezialmarktes einzunehmen pflegten. Hier lagerten in ausgedehnten Kellern und Speichern mancherlei für den Verbrauch der Stadt bestimmte Waren, wie Tuch, Leinwand, Schuhe, Korn usw. Proben davon wurden in den einzelnen Kammern ausgelegt und zwar, wenn nur ein solches Kaufhaus vorhanden war, feinere Waren im oberen Stock, geringere Massenartikel im unteren. Die Mitte des oberen Stocks nahm dann gewöhnlich ein großer Saal ein, in dem die geschäftlichen und auch wohl die festlichen Versammlungen der Großkaufleute stattfanden. Hier sind die Anfänge des modernen Börsenverkehrs zu suchen. Einige Kaufhäuser aus dem 14. Jahrhundert haben sich noch bis auf unsere Tage erhalten, so in Straßburg (vom Jahre 1358) und in Konstanz (1388); das Freiburger Haus entstand im 15. Jahrhundert; das Mainzer, das schon vom Jahre 1317 datierte, ist leider 1812 zerstört worden, doch existieren noch jetzt Abbildungen davon, die beweisen, daß es ein sehr stattlicher Bau gewesen. Im Kaufhaus wurde durch den Rat strenge Kontrolle über die daselbst feilgehaltenen Waren geführt, nach Güte und Gewicht, nach richtigem Maß und mittlerem Preis. Da prüften Ratsherren mit Hilfe von sachverständigen Kaufleuten oder Zunftmeistern, später auch letztere allein unter der Oberaufsicht des Rats, die Goldwaren auf ihre Legierung, die fremden und einheimischen Tuche auf Haltbarkeit, Farbe und Dichtigkeit des Gewebes, und da stellte man auf das genaueste die Bedingungen fest, unter denen jede Ware als echtes Kaufmannsgut zu bezeichnen sei. Galt es doch während des Mittelalters als eine Hauptaufgabe der städtischen Obrigkeit, sorgfältig darauf zu achten, daß keiner der Bürger den anderen übervorteile und daß zwischen den Interessen der Hersteller und der Verbraucher ein billiger Ausgleich geschaffen werde! Darum auch nötigte man den Verkäufer, seine Ware in der Regel öffentlich, an bestimmten

Plätzen, vor aller Augen auszustellen. Denn so glaubte man einerseits ihn leichter überwachen und andererseits den Eingang der von der Stadt erhobenen Abgaben besser sichern zu können. Manche Arten von Handelsgeschäften durften sogar nur unter der Vermittlung von Maklern abgeschlossen werden, die von der Stadt vereidigt waren und die Beachtung der vom Rat erlassenen handelspolitischen Verfügungen zu kontrollieren hatten. Wo man an den zum öffentlichen Verkauf bestimmten Waren Fehler fand, da schritt man im Kaufhaus wie an den übrigen Verkaufsstätten unbarmherzig ein: schlechtes Zinngeschirr wurde eingeschmolzen, schlechtes Tuch zerrissen, angegangene Eßwaren ins Wasser geworfen. Aufs strengste verpönt war der sog. Fürkauf d. h. die Unsitte, für den Markt bestimmte Waren, bevor sie dorthin gelangten, an den Toren oder in den Straßen vorweg zu kaufen oder aber auf dem Markte selbst große Mengen von Waren zum Zweck des Wiederverkaufs an sich zu bringen und dadurch den anderen Bürgern die Gelegenheit zur Befriedigung ihrer Bedürfnisse zu entziehen. Besonders eingehende und strenge Bestimmungen ordneten den Verkauf der Lebensmittel, des Brotes, des Fleisches und der Fische. Fast überall gab es obrigkeitlich festgesetzte Lebensmitteltaxen, und in Österreich galt die Anordnung, daß kein Fischer, der frische Fische feilbiete, einen Hut oder eine Kapuze oder sonst eine Kopfbedeckung tragen solle, damit er, bloßen Hauptes in jeder Witterung oder Jahreszeit dastehend, desto rascher vom Markte sich wegsehne und desto leichter seine Ware losschlage.

Oft diente das Kaufhaus ganz allein den Tuchhändlern, mindestens waren ihnen jedoch einige Räume desselben vorbehalten. Zuweilen waren, zumal in kleineren Städten, Rat- und Kaufhaus unter einem Dach vereinigt, z. B. in Hameln. Umgekehrt besaßen viele größere Städte eine ganze Reihe von Häusern, die für besondere Gewerbe bestimmt waren und daher auch gewöhnlich besondere Namen führten: Tuchhallen oder Gewandhäuser, Leder- und Schuhhäuser, Schlachthäuser — in Lübeck schon 1262 vorhanden, in Augsburg 1391 — Kornschrannen — in Nürnberg im 15. Jahrhundert bereits ungefähr ein halbes Dutzend — Wein-, Leinwand-, Salz-, Münz-, Leih-, Brauhäuser usw. Alle diese Häuser standen im Eigentum der Stadt oder, was wohl die Regel war, von Korporationen der Kaufleute und von Zünften, die sie auf eigene Kosten für ihre gewerblichen und geselligen Zwecke hatten erbauen lassen. Daneben besaß die Stadt oft noch Mühlenanlagen aller Art, wie Mahl-, Öl-, Walk- und Schleifmühlen, Sägewerke, ferner Ziegeleien, Tuchrahmen, Bleichen, Backöfen u. dgl. und in jedem Falle auch eine öffentliche Wage, die im Rat- oder Kaufhaus untergebracht war oder sich in einem eigenen Gebäude befand. Oft treffen wir auch mehrere Wagehäuser im Besitze der Stadt. Der Wagezwang war eins der wichtigsten städtischen Privilegien.

Während die Kaufhäuser wesentlich nur von den fremden Kaufleuten und von den einheimischen Großhändlern benutzt wurden, boten andere Anstalten ausschließlich dem Kleinhandel eine Unterkunft. Hierhin gehörten die mannigfaltigsten Bauten von den sog Gademen an bis herab zu den einfachen Schrannen und Bänken. Gademe nannte man kleine, oft zweistöckige Häuschen, von denen die unteren Räume als Läden, die oberen dagegen als Kontore oder Familienwohnungen dienten. Oft sprang das obere Stockwerk mehrere Fuß weit vor und stützte sich auf hölzerne Säulen; wenn also eine größere Anzahl solcher Gademe, wie es nicht selten der Fall war, ohne Unterbrechung nebeneinander lagen, dann entstanden zu ebener Erde lange Hallengänge oder Lauben, welche willkommenen Schutz vor ungünstiger Witterung boten und deshalb viel begangen wurden. Die Gademe fügten sich demnach der Straßenfront ein, nicht so die außerordentlich zahlreichen Buden. Diese lehnten sich gern an umfangreiche Gebäude an, wie Kirchen, Rathäuser, Brücken, oder sie standen auf den Marktplätzen — größere Städte besaßen neben dem Hauptmarkt oft noch eine ganze Reihe von Sondermärkten, z. B. einen Fisch-, Fleisch-, Salz-, Holz-, Hopfen-, Viehmarkt usw. — und den anstoßenden breiteren Straßen frei für sich, wobei sie oft gleich unseren Jahrmarktsbuden zwei mit dem Rücken gegeneinander gekehrte Reihen bildeten. Nicht selten sind aus ihnen mit der Zeit, wenn man die leichten Buden zu festen Wohnhäusern ausbaute, langgestreckte Geschäftsstraßen hervorgegangen. — Noch anspruchsloser waren die Scharren der Fleischer, die Schragen der Bäcker und die Stände der Fischer und sonstigen Kleinhändler. Alle diese Verkaufsstände gehörten der Stadt und wurden von ihr auf längere Zeit vermietet oder in Erbpacht gegeben. Wessen Mittel nicht ausreichten, um den dafür verlangten Zins aufzubringen, der errichtete sich selbst vorübergehend für die Zeit des Marktes nach

Erstattung eines geringen Standgeldes ein Zelt oder eine Hütte, um darin seine Waren feil zu bieten. So wurde jedes freie Plätzchen von dem Kramhandel ausgebeutet, aber damit noch nicht zufrieden, trieb sich an Markttagen noch eine Menge Menschen auf den Straßen der Stadt umher und bemühte sich durch allerlei Lockrufe ihre Waren und Dienste an den Mann zu bringen. Der eine pries seine Zuckerkuchen und Hippen an, der andere seine Schmuck- und Spielsachen, ein dritter empfahl sich als Kesselflicker oder Kaminfeger, die Baderknechte gaben bekannt, daß das Bad angerichtet sei und zur Benutzung bereit stehe, der Zahnbrecher strich seine Kunstfertigkeit heraus, und der Quacksalber schilderte mit lauter Stimme die kräftige Wirkung seiner Heilkräuter und Tränklein. Selbst vor den Türen der Wirtshäuser standen besondere Ausrufer und lobten die Güte des dort verzapften Bieres oder Weines. Nach alledem muß es in den Straßen einer mittelalterlichen Stadt zur Zeit eines größeren Marktes recht laut hergegangen sein. Da wesentlich nur bei solchen Gelegenheiten fremden Händlern der Verkehr in der Stadt erlaubt war, so benutzten sie sie natürlich sehr eifrig. Es wimmelte dann in allen Teilen der Stadt von fremden Gästen, und es war wohl auch oft nicht leicht, die Ordnung unter dem Marktvolk aufrecht zu erhalten. Die hiermit beauftragten Stadtknechte, welche Gewaltboten hießen, hatten jedenfalls alle Hände voll zu tun. Und nicht weniger lebhaft als in den Straßen ging es gerade in solchen Zeiten an den Stätten des Großhandels zu, speziell in den Kaufhäusern, auf den Werften und vor den Lagerhäusern am Fluß- oder Seeufer, wo die dem Stapelrecht unterworfenen Massen von Rohprodukten und Halbfabrikaten aufgehäuft waren. Hier war oft ein zahlreiches Personal von Lagermeistern, Packknechten, Trägern und Messern tätig, und hier besonders vermittelten die oben erwähnten Makler oder Unterkäufer den Abschluß der Geschäfte zwischen den fremden Importeuren und den eingesessenen Großkaufleuten oder Zünften. Kraft des Stapelrechtes, das sich die größeren Städte schon früh in weitem Umfange zu erwerben wußten, waren die fremden Handelsherren, welche die betreffende Stadt oder ihre nähere oder fernere Umgebung passierten, verpflichtet, ihre Waren an einer bestimmten Stelle der Stadt auszuladen und eine gewisse Zeit lang zum Verkauf zu stellen, ehe sie ihre Reise weiter fortsetzten, ja wohl gar nur hier allein feilzubieten. Dabei unterstanden sie selbst nach dem Gästerecht — unter „Gästen" verstand man fremde Kaufleute — einer strengen Aufsicht, die oft die Wirte, bei denen sie Quartier genommen hatten, im Auftrag des Rates führen mußten, damit der Stadt ja nichts von den Abgaben entgehe, welche die Fremden für jeden Handelsabschluß zu entrichten hatten, oder der Fremde nicht in unerlaubter Weise seinen Vorteil suche. Er durfte z. B. vielfach an andere fremde Kaufleute nur Waren von einer bestimmten Menge an verkaufen, so in Salzburg im 14. Jahrh. nicht weniger als eine halbe Saumladung Tuch, fünf Saumladungen Wein, Öl oder Seife, 500 Stück Eisen, ein Viertel Häute, Bälge oder Wild. Den Kleinverkauf in der Stadt durfte der Fremde überhaupt nicht treiben, den Wein nur faßweise auf dem Markte losschlagen und Tuch in kleineren Quantitäten bis herab zu einem Stück bloß an Geistliche und

Lübeck, Ansicht vom Hafen.

Edelleute abgeben; ebenso war der Geldwechsel zwischen Fremden untereinander oder zwischen Fremden und Einheimischen verboten. Der Gedanke des Freihandels lag den deutschen Städten jener Zeit fern, und sie waren im allgemeinen bis zum Schluß des Mittelalters und noch lange darüber hinaus durchaus schutzzöllnerisch gesinnt; sie beschränkten den freien Handelsverkehr zu Gunsten der einheimischen Kaufleute und Handwerker und glaubten so ihren Interessen am besten dienen zu können. — Ein ebenso wirksames Privileg wie das Stapelrecht gegenüber fremden Kaufleuten bot den Städtern gegenüber dem umliegenden platten Lande das sog. Bannmeilenrecht. Es verhinderte den Betrieb mancher Gewerbe, wie der Bierbrauerei, in einem gewissen Bezirk rings um die Stadt und schützte dadurch deren Bürger vor der Konkurrenz der Landbevölkerung, verhinderte aber auch gleichzeitig, daß sich etwa in allzugroßer Nähe eine Stadt herausbildete.

5. Die städtischen Anstalten für ideale Zwecke.

Nicht so umfassend wie die Fürsorge, welche die Städte der Herstellung und Unterhaltung von allerlei Gebäuden für kaufmännische und gewerbliche Zwecke widmeten, erscheint die Tätigkeit, die sie auf dem religiösen und humanitären Gebiet entfalteten oder der Pflege der Kunst und Wissenschaft zuwandten. Die Sorge für Wohlfahrts- und Kulturzwecke, besonders für das Armen- und Bildungswesen, die unseren heutigen Städten so große Ausgaben verursacht, war ja zwar dem Mittelalter durchaus nicht fremd, doch überließ man sie noch vorzugsweise der Privattätigkeit, sei es einzelner Bürger oder ganzer Genossenschaften, und zog sie nur ausnahmsweise in den Kreis der Aufgaben, die die Stadtverwaltung zu lösen hatte. Immerhin setzte man fast überall seine Ehre darein, eine möglichst prächtige Pfarrkirche zu haben, und schuf aus diesem Grunde so großartige Bauwerke wie die Münster von Ulm und Bern — 1377 und 1421 begonnen — und die herrlichen Marienkirchen der Hansestädte. Anderswo erweiterte und verschönerte man wenigstens die alten Pfarrkirchen, z. B. in Lübeck und Freiburg i. Br. Besonders stolz war man dabei auf hohe Türme; so erhielt die Kirche der kleinen Stadt Landshut in Bayern seit 1392 einen Turm von 133 m Höhe. Zuweilen entsprach dem guten Willen nicht das finanzielle Können, so daß die Bauten unvollendet blieben, daher die zahllosen halbfertigen Türme auf mittelalterlichen Kirchen. Die einzelnen

Die Marienkirche in Danzig.

Klassen der Bürgerschaft wetteiferten darin, ihre Kirchen mit recht schönen Kapellen und Altären und mancherlei Kunstwerk auszuschmücken, von denen leider nur wenig auf uns gekommen ist.

Von den Klerikern erfreuten sich nach wie vor die Bettelmönche der besonderen Gunst der Bürger, und ihnen allen, Franziskanern wie Dominikanern und Augustinern, flossen reiche Schenkungen zu. Weniger günstig war vielfach das Verhältnis der Bürger zu den anderen Orden und zu der Weltgeistlichkeit (s. o. S. 31). Mit Unwillen sah man namentlich auf die Steuerprivilegien, wonach diese weder Grund- noch Gewerbesteuer zu zahlen brauchten, und auf ihren besonderen geistlichen Gerichtsstand. Beide Vorrechte suchten die städtischen Behörden zu beseitigen, doch ohne ihr Ziel zu erreichen. Mit viel größerem Erfolg kämpften sie gegen eine allzu starke Vermehrung des kirchlichen Besitzes an. Zu diesem Zweck beschränkten sie häufig die Zuwendung von beweglichem Gut an die Kirche und untersagten mitunter den Erwerb von Immobilien durch die letztere oder verordneten wenigstens, daß Grundbesitz, den die Kirche gewinne, sofort an Bürger veräußert werden müsse. Aber von diesen Streitpunkten abgesehen, war das Verhältnis der Bürger zu der Kirche ein sehr enges. Bei ihr suchten sie Erbauung und Trost, und ihr widmeten sie, um ihre Dankbarkeit und Anhänglichkeit zu bezeugen, schöne Altäre oder Wandgemälde; reiche Familien ließen sich sogar besondere Kapellen innerhalb der Stadtkirche erbauen.

Hospitäler gab es in jeder Stadt mindestens zwei, eins für die Aussätzigen und eins für die übrigen Kranken, aber größere Orte besaßen ihrer eine ganze Menge, z. B. Breslau im 15. Jahrhundert nicht weniger als 15; erhalten ist unter anderen das Lübecker Spital zum heiligen Geist, das im 14. Jahrhundert erbaut wurde, als ein großartiges Denkmal werktätigen Gemeinsinns. Der Aussatz war damals die schlimmste aller Krankheiten. Er trat schon im Beginn des Mittelalters auf und verbreitete sich dermaßen über ganz Europa, daß man die Zahl der speziell für Aussätzige bestimmten Hospitäler, der sog. Sondersiechenhäuser, für das spätere Mittelalter auf 19000 veranschlagt. Davon kamen etwa 2—3000 allein auf Deutschland. In die Sorge für die Unterhaltung der Hospitäler teilten sich Stadtgemeinde, Kirche und Private; das gleiche gilt auch von den Brücken, deren Unterhaltung ebenfalls als ein Werk der Frömmigkeit angesehen wurde. Sie waren in der Regel noch aus Holz gebaut; über den Rhein z. B. führte nur eine einzige steinerne Brücke, in Basel, die allerdings schon ums Jahr 1225 errichtet wurde, aber dann auch Jahrhunderte lang die einzige ihrer Art blieb auf der ganzen langen Strecke von Konstanz bis zum Meere. Gegen Ende des Mittelalters schufen die Städte auch eigene Räume für gemeingefährliche Geisteskranke, sog. Narrenhäuslein. Sie waren klein und eng und sollten keine Heilstätten sein, sondern bloß Zwangs- und Strafanstalten.

In vielen Städten stellte man schon einen Stadtarzt mit festem Gehalt an, so in Frankfurt a. M. 1384 und in Hildesheim 1437. Auch Apotheken sind bereits seit dem 13. Jahrhundert nachweisbar, und ihre Zahl nahm späterhin ständig zu. Sie waren nur zum kleineren Teil städtisches Eigentum, jedoch sämtlich der Aufsicht des Rates unterworfen. Vielfach setzten die Städte schon Taxen und Ordnungen für die Apotheken fest. Die Frankfurter Ordnung vom Jahre 1461 wurde weithin berühmt und an andere Städte auf deren Wunsch weiter gegeben. Die innere Einrichtung der Apotheke schildert uns ein illustriertes Buch über das Apothekenwesen, das im Jahr 1500 in Straßburg erschien und den Titel „Buch der Vergiftkunst" führt. — Für das öffentliche Gesundheitswesen sorgten die Städte außerdem durch Anlage öffentlicher Brunnen, teils Zieh-, teils Röhrenbrunnen. Oft mußte man das Wasser durch Röhren aus weiter Entfernung herbeischaffen. Die Brunnen selber wurden vielfach mit reichem künstlerischem Schmuck versehen und trugen zur Verschönerung der Straßen und Plätze sehr viel bei (s. o. S. 117).

Eine öffentliche Herberge für arme und kranke Fremdlinge gab es in Straßburg schon um die Mitte des 14. Jahrhunderts, ein Findelhaus in Frankfurt seit 1452; ein ebensolches existierte in Breslau, und Nürnberg hatte ihrer sogar zwei aufzuweisen. Für die Pflege der Armen waren besondere Armenhäuser bestimmt, von denen sich eins noch in Lübeck erhalten hat. Überhaupt war der Sinn für Wohltätigkeit sehr rege; bekannt ist u. a. die Augsburger Fuggerei, die das berühmte Handelshaus der Fugger im Anfang des 16. Jahrhunderts erbauen ließ: sie umfaßt sechs Straßen mit 53 Häusern und 106 Wohnungen für arme Augsburger Bürger und existiert noch jetzt.

Auch städtische Schulen waren fast allenthalben anzutreffen. Die Schulen des Mittelalters waren zum großen Teil Lateinschulen und ursprünglich durchweg kirchliche Anstalten, Stifts- oder Klosterschulen (s. S. 71 f.). In Brüssel gab es ihrer schon im 14. Jahrhundert nicht weniger als 13. In späterer Zeit aber nahmen sich auch Privatleute oder städtische Behörden des niederen und mittleren Schulwesens an, wenngleich auch da noch der überwiegende Teil der Schulen unter geistlicher Leitung verblieb. Die städtischen Schulen hießen Stadt= oder Ratsschulen, und bei ihrer Errichtung gab es oft Streit mit

Apotheke. (Nach A. Schultz, Deutsches Leben im 14. u. 15. Jahrhundert.)

den Stiftern, welche die bisher bestehenden Schulen inne hatten. So in Brünn 1466, als die Stadt bei der Pfarrkirche St. Jakob eine zweite Schule errichten oder vielmehr die, welche einst dort bestanden hatte, wieder erneuern wollte. Das Kollegiatstift St. Peter, dem die bisher einzig vorhandene Schule gehörte, legte dieser Absicht Schwierigkeiten in den Weg, bis der Streit durch den Papst Paul II. zu Gunsten der Stadt entschieden wurde. Gegenstände des Unterrichts waren bald nur Lesen, Schreiben und etwas Rechnen, bald außerdem noch lateinische Grammatik und lateinische Lektüre. Letztere wählte man oft ungeschickt aus; vielerorten nahm man mit den Kindern z. B. Ovids ars amandi durch. Die Zucht war streng, aber gleichwohl wurde nicht viel erreicht: es fehlte eben an gutem Lehrstoff, an Abstufung der Klassen — ältere und jüngere Schüler saßen auf denselben Bänken bunt durcheinander —, ferner an einem festen Lehrplan und an der nötigen Erfahrung im Unterrichten. An die Stelle der Weltgeistlichkeit und Mönche, die anfangs auch an den Stadtschulen lehrten, trat später ein weltlicher Lehrerstand, der sich gegen Schluß des Mittelalters eine zunftmäßige Verfassung gab. Nun sprach man von Schulmeistern und Schulgesellen, übte das Aufdingen und Freisprechen, ganz wie die Handwerker, wanderte gleich ihnen in die Fremde, und unstete Meister hängten bald hier, bald dort ihr Schild aus. Die Bezahlung der städtischen Lehrer war höchst dürftig, und die äußere Ausstattung der Schulräume oft kümmerlicher als heute in den ärmlichsten Dörfern. Nach der Schulordnung von Eger aus dem Jahre 1350 mußten während des Winters die Kinder selbst für die Heizung des Schullokals sorgen und zu dem Zweck ein jedes von ihnen vom 16. Oktober bis zum 1. Mai täglich ein Scheit Holz mit zur Schule bringen. In Lateinschulen, die von älteren Schülern besucht wurden, war es mit der Zucht oft schlecht bestellt, ja es kam da mitunter zu offener Empörung. Am 17. Juli des Jahres 1500 mußten in Nürnberg die Stadknechte mit Schwert und Spieß eine Lateinschule stürmen, weil sich die Scholaren darin verbarrikadiert und dem Rektor den Gehorsam gekündigt hatten. Erst nach längerem Kampf wurde man der Aufsässigen Herr und nötigte sie, die Schule zu räumen; gefangen wurde, wie es scheint, keiner, und auch von einer Bestrafung der Revolte hören wir nichts.

Die Universitäten, die seit etwa 1350 immer zahlreicher in Deutschland eröffnet wurden — im ganzen 15 während des 14. und 15. Jahrhunderts mit ungefähr 3500 Studenten am Ende des Mittelalters —, waren nur teilweise städtische Gründungen; die Mehrzahl derselben wurde von Landesfürsten oder Kaisern ins Leben gerufen, nachdem zuvor der Papst jedesmal seine Genehmigung erteilt hatte. Weit mehr Förderung als die Wissenschaft verdankte im ausgehenden Mittelalter den

Behörden und Bürgern der Städte die Kunst. Ihr stellte schon der Bau und die Ausschmückung der Kirchen, Rathäuser und

Aus dem deutschen Bürgerleben des 15. Jahrhunderts.
(Nach Henne am Rhyn, Kulturgeschichte des deutschen Volks.)

anderen öffentlichen Gebäude dankbare Aufgaben, aber auch private Aufträge der reicheren Bürger und Genossenschaften beschäftigten sie, zumal im 15. Jahrhundert, auf die mannigfaltigste Weise. Die Malerei in allen ihren Zweigen machte infolgedessen gewaltige Fortschritte — der Holzschnitt und der Kupferstich besonders wurden technisch bedeutend vervollkommnet und

Silberner Pokal aus dem Ende des 15. Jahrhunderts.
(Nach Heffner-Alteneck.)

Inkarstaarbeit, Armbrust, aus der 2. Hälfte des 15. Jahrh.
(Nach Heffner-Alteneck.)

trugen künstlerischen Sinn und Verständnis in immer weitere Kreise des Volkes — die Plastik, namentlich der Bronzeguß und die Schnitzerei in Holz, brachte glänzende Werke hervor, die Architektur breitete, da man sie jetzt in fortwährend steigendem

Grade auch für Profanbauten in Anspruch nahm, das Feld ihrer Tätigkeit täglich weiter aus, und das Kunsthandwerk vollends gelangte im 15. Jahrhundert zu hoher Blüte. Gerade ihm kam die Bildung größerer Vermögen und der wachsende

Gotischer Schrank aus Nußbaumholz. Zweite Hälfte des 15. Jahrhunderts.
(Nach Heffner-Alteneck.)

Reichtum vieler Familien in erster Linie zu statten, und es hat sich dieser günstigen Lage auch durchaus würdig gezeigt. Zahlreich erhaltene Proben geben uns eine hohe Vorstellung von dem guten Geschmack und dem technischen Geschick der Zinn- und Rotgießer, Goldschmiede, Elfenbeinschnitzer, Kunstschlosser und -schreiner, Waffenschmiede, Färber, Drucker und mancher anderer Kunsthandwerker jener Tage. Selbst Kaiser und Könige versäumten es nicht, wenn ihr Weg sie in eine größere Stadt führte, die Werkstätten berühmter Meister aufzusuchen und ihre Arbeiten in Augenschein zu nehmen, wie z. B. Kaiser Friedrich III. im August 1471 zu Nürnberg.

Nicht unerwähnt bleiben darf schließlich das Verhältnis unserer mittelalterlichen Bürger zur Literatur ihrer Zeit. Die besten Chroniken jener Epoche stammen gerade von bürgerlichen Verfassern her und geben uns Zeugnis davon, welch reges geschichtliches Interesse in den Städten herrschte; die Schulen der Meistersänger schufen Dichtungen, denen zwar keine allzuhohe poetische Bedeutung zukommt, die aber immerhin sehr viel Liebe zur Poesie bekunden; die Satire speziell und die Fastnachtsspiele fanden bei den Bürgern die eifrigste Pflege, und als der Humanismus in Deutschland Eingang fand, da waren die Bürger unserer großen Städte seine begeistertsten Förderer und Verbreiter.

6. Das städtische Kriegswesen.

Auf dem Gebiet des Kriegswesens war für die Städte besonders die frühe Beschaffung und Verwendung von Geschützen charakteristisch. Die Aufsicht über die Geschütze und alles, was damit zusammenhing, führten die städtischen Büchsen- oder Zeugmeister. Sie besorgten den Guß der Geschütze, leiteten die damit vorzunehmenden Übungen und begleiteten sie auch in den Krieg. An der Kirche zu Amberg in der Oberpfalz stellt ein Grabstein den im Jahr 1501 verstorbenen Büchsenmeister Martin Merz dar; er steht auf einem Kanonenrohr, führt das Bild einer Kanone in seinem Wappen und sagt in der Aufschrift von sich, daß er in der Kunst des Büchsenschießens vor anderen berühmt gewesen sei. Der Gebrauch der Feuerwaffen ist seit der ersten Hälfte des 14. Jahrhunderts in Deutschland nachzuweisen, und er verbreitete sich ganz besonders schnell in den Städten. Früh schon legten sie sich, wenn es irgend ihre Mittel erlaubten, einen gewissen Vorrat an grobem Geschütz an — jedenfalls mehr als die Fürsten, die gleich den Kaisern zuweilen gezwungen waren, von den Städten Geschütze zu leihen — und brachten es in Friedenszeiten teils im Erdgeschoß des Rathauses, teils in einem eigenen Zeughaus unter.

Im Jahre 1415 richtete, um ein Beispiel anzuführen, Straßburg an den Rat von Freiburg die Bitte, 100 Kanonen auf einmal für seine Rechnung gießen zu lassen; später ist es dann selbst durch seine Geschützgießerei berühmt geworden, wie es vor ihm schon Augsburg, Nürnberg und andere Städte gewesen waren. Man unterschied mit Rücksicht auf Länge und Kaliber Hauptbüchsen, Metzen, Kartaunen d. h. quartanae oder Viertelsbüchsen, Haubitzen, Tarrasbüchsen, Mörser und Schlangen und bezeichnete in der Regel die einzelnen Stücke mit besonderen Namen, wie Habicht, Falke, Eule u. dgl. Die Hauptbüchsen schossen Stein- oder Eisenkugeln von der Schwere eines oder mehrerer Zentner; ihre Bedienung aber war nicht ohne Gefahr, weil sie, wie alle anderen Geschütze, recht oft beim Abfeuern zersprangen. Nur die leichteren Kanonen ruhten auf Lafetten, die größeren, welche oft ein Gewicht von mehr als hundert Zentnern hatten, schaffte man auf Karren an den Ort ihrer Bestimmung. Die Stadt Köln ließ sich schon im Jahre 1416 eine Büchse namens „Unverzagt" gießen, die Steine von fünf Zentnern Gewicht schleuderte und bei der ersten ernsten Probe elf Menschen auf einmal tötete.

Die Hand- oder Hakenbüchsen, die für den einzelnen Mann bestimmt waren, die Vorläufer unserer Gewehre, hatten bis zum Jahre 1515 bloß Luntenschlösser und wurden erst kurz vorher bezüglich der Konstruktion des Schlosses so weit verbessert, daß man sie zum Zwecke des Zielens an die Wange legen konnte. Früher hielt man sie nur in Brusthöhe und schoß daher höchst unsicher. Da sie außerdem bei feuchtem Wetter ganz unbrauchbar und auch das Laden sehr umständlich war, so spielten sie noch auf lange Zeit hinaus in der Schlacht keine große Rolle. Viel häufiger gebrauchte man andere Waffen, wie Bogen, Armbrust, Schwert, Spieß, Streitkolben, Hellebarden und Morgensterne.

Übrigens kam gerade für die Städte das Gefecht im offenen Felde weit weniger in Betracht als der Belagerungskrieg, und der wurde wesentlich durch die Donnerbüchsen entschieden. Von großen Feldschlachten ist ja überhaupt in den letzten Jahrhunderten des Mittelalters nur selten die Rede; die gewöhnliche Kriegskunst ging darauf aus, den Gegner durch Plünderung und Verwüstung seines Gebietes, durch Wegnahme seines Viehes oder seiner Warentransporte, durch Zerstörung seiner festen Plätze und durch sonstige Schädigung früher oder später matt zu setzen und zum Frieden zu zwingen. Selbst an eine ernsthafte Belagerung größerer Städte wagten sich die Fürsten bis auf die Zeit Maximilians I. nur ungern heran, denn in der Regel schlug sie fehl und verursachte bloß unnütze Verluste. Zum Beweise diene u. a. die erfolglose Belagerung von Soest durch den Herzog Wilhelm von Sachsen (im Jahre 1447) und die von Neuß durch Karl den Kühnen (im Jahre 1474—75).

7. Das Privatleben der Bürger von der Geburt bis zum Tod.

Das Privatleben der deutschen Bürger im ausgehenden Mittelalter und die gewöhnliche Art, wie sich ihr Dasein von der Wiege bis zum Grabe abzuspielen pflegte, möge zum Schluß nach einer kurzen Betrachtung unterzogen werden. Im allgemeinen scheint es, daß damals der Kindersegen, besonders bei vornehmeren Familien, recht groß war. Ulman Stromer aus Nürnberg erzählt, daß sein Urgroßvater 13 lebende Kinder hinterlassen habe, sein Großvater 15 und sein Vater 18; er selbst hatte 9 Kinder, und seiner Schwester, die mit 15 Jahren heiratete, wurden bis zu ihrem 25. Lebensjahr 8 beschert. Dem Augsburger Chronisten Burkhart Zink wurden 18 Kinder geboren, dem Vater Albrecht Dürers ebensoviele, und dem Anton Tucher aus Nürnberg 11. Aber bei der mangelhaften Ausbildung der Ärzte und Hebammen und bei den überaus schlechten gesundheitlichen Verhältnissen der Städte starben sehr viele Kinder, zumal der unteren Volksklassen, schon in zarter Jugend, und nicht minder groß war die Sterblichkeit unter den Wöchnerinnen, so daß die Männer großenteils mehrere Frauen hintereinander heirateten. Über die Tauffeier und über die Geschenke an die Wöchnerin und an den Täufling erließen die Obrigkeiten der Städte, um dem wachsenden Luxus zu steuern, die genauesten Bestimmungen; an vielen Orten, z. B. in Breslau, Prag und Freiburg, beschränkten sie sogar die Zahl der Paten und verboten, deren mehr als drei anzunehmen. Aufgezogen wurden die Kleinen zunächst mit Brei, Milch und Mehl; nur in einigen Teilen Norddeutschlands gab man ihnen gleich von vornherein festere Speisen, die von den Ammen zuvor gekaut wurden, und daraus wollte man es erklären, daß dort der Menschenschlag kräftiger und ausdauernder sei als anderswo. Der Augsburger Arzt Bartholomäus Metlinger, der in der zweiten Hälfte des 15. Jahrhunders lebte und ein Buch über Kinderkrankheiten herausgab, verlangt darin, daß die Kleinen zwei Jahre lang gestillt und daß alle Mittel, welche für kranke Säuglinge verordnet werden, von ihren Ammen eingenommen werden sollen; wenn ein Kind Fieber hat, soll man seiner Amme zur Ader lassen. Im ganzen war, wie es scheint, die körperliche Pflege der Kinder nicht gerade sehr sorgfältig; wenigstens lassen uns die Miniaturen des 14. Jahrhunderts erkennen, daß damals auch vornehmere Bürger körperlich schlecht entwickelt waren, daß sie oft dünne Beine, einen starken Leib und eine magere Brust hatten und schon in frühen Jahren Runzeln bekamen. Zur Zeit, wo die Kinder anfingen, das Gehen zu erlernen, erhielten sie hölzerne Gestelle, die sich auf vier Rädern fortbewegen ließen und sie vor dem Hinfallen schützten. Spielsachen hatten die Kinder wahrscheinlich nur wenig. Die Mädchen beschäftigten sich mit Puppen, die Knaben mit Steckenpferden, Blasrohren, Windmühlen u. dgl. Die Zucht im Hause war streng, und kam dann das Kind in die Schule, so wurde es auch dort nicht selten unsanft angefaßt. Eine Miniatur in einer Münchener Handschrift, ungefähr aus dem Jahre 1410, stellt den Philosophen Seneca dar, wie er den kleinen Nero, den späteren Kaiser, über sein Knie gelegt hat und mit einer starken Rute empfindlich durchprügelt, ein Beweis, daß derartige Exekutionen damals in der Schule nichts Seltenes waren. Die dazu nötigen Haselgerten mußten die Schüler selbst herbeischaffen, oder man veranstaltete auch wohl besondere Schulausflüge zu dem Zweck, sich in einem nahen Buschwald mit dem erforderlichen Material zu versorgen: das hieß in der Schulsprache virgatum ire, und der Ausflug selbst wurde vom Schulwitz virgidemia genannt d. h. Rutenlese, in Nachahmung von vindemia, Weinlese. Sobald sich die Kinder die für das Leben notwendigsten Kenntnisse angeeignet hatten, wurden sie aus der Schule herausgenommen und die Knaben, die nicht studieren sollten — und dies taten anfangs nur wenige —, zu einem Zunftmeister oder Kaufmann in die Lehre gegeben, die Mädchen dagegen zu Hause von der Mutter in allen Zweigen der Haushaltung unterwiesen. Schon im 14. Jahrhundert kam die Sitte auf, daß die jungen Handwerksgesellen, nachdem sie ausgelernt hatten, eine Zeitlang auf die Wanderschaft gingen, um sich in der Fremde umzusehen und unter der Anleitung berühmter Meister in ihrem Fach weiter auszubilden. Ebenso gingen auch die jungen Leute, die später ein größeres Handelsgeschäft übernehmen oder begründen wollten, auf Reisen. Sie besuchten Städte wie Nürnberg, Frankfurt und Antwerpen, ja sie zogen vielfach, um ihren Gesichtskreis zu erweitern, bis nach Frankreich und Italien. Der Augsburger Lukas Rem z. B. ritt schon als vierzehnjähriger Bursche nach Venedig, war dann in Mailand und Lyon, durchstreifte als Fuggerscher Agent Frankreich, Spanien und Portugal und kehrte erst nach mehreren Jahren für die Dauer in seine Heimatstadt zurück. Solche Reisen waren in jeder Beziehung nützlich; die jungen Leute sahen sich draußen tüchtig um, lernten vielerlei Länder und Menschen kennen und blieben so vor dem kleinlichen, spießbürgerlichen, engherzigen Wesen bewahrt, das in späterer Zeit, als die Welt seßhafter wurde, gerade in den kleinen deutschen Städten so sehr Platz griff. Wenn nun der junge Mann nach Hause zurückgekehrt war, dann suchte er sich möglichst bald selbständig zu machen, wofür im Handwerk seit dem Beginn des 15. Jahrhunderts häufig die Anfertigung eines Meisterstückes verlangt wurde, und einen eigenen Hausstand zu gründen. Bei der Verlobung ging man äußerst bedachtsam zu Werke: Charakter und Vorleben des ausersehenen Mädchens, desgleichen seine Aussteuer wurden von dem künftigen Bräutigam und besonders von seinen Anverwandten sorgfältig geprüft. Schon der Straßburger Prediger Geiler von Kaisersberg bemerkt, daß das Mädchen, das einen Mann bekommen wolle, vier G haben müsse, nämlich Geschlecht d. h. gute Herkunft, Gestalt d. h. Schönheit, Gut und Geld; er spricht sich jedoch in einer seiner Predigten nachdrücklich dagegen aus, daß man allein oder vorzugsweise mit Rücksicht auf das Vermögen ein Weib wähle. Die Zahl der unverheiratet bleibenden Mädchen war recht groß, und niemals scheint die Frauenfrage oder genauer die Frage des Frauenerwerbs brennender gewesen zu sein als gerade in den deutschen Städten des scheidenden Mittelalters. Es gab in ihnen, zumal wenn wir von der Geistlichkeit absehen, weit mehr Frauen als Männer. So finden wir bei einer Volkszählung in Nürnberg im Jahre 1449, daß auf je 10 Männer mehr als 12 Frauen kommen, und ähnlich lagen die Verhältnisse in anderen Städten, von denen uns gleichfalls genauere Zahlen überliefert sind, wie Basel, Frankfurt a. M. und Köln. Nach den Frankfurter Steuerlisten aus dem Jahrhundert von 1354 bis 1463 machten damals die Frauen, d. h. die alleinstehenden, selbständigen Frauen, den vierten bis sechsten Teil aller steuerpflichtigen Personen aus. Die Ursachen dieses großen Überschusses an Frauen lagen, wie es scheint, wesentlich in folgenden Umständen. Einmal waren die Männer größeren Gefahren ausgesetzt infolge der fortwährenden Fehden und Bürgerzwiste und der vielfach das Leben bedrohenden Handelsreisen, sodann wurden sie eher von pestartigen Krankheiten hinweggerafft, ferner gingen viele von ihnen durch Unmäßigkeit jeder Art zu Grunde, und endlich fiel gar mancher der ungesunden Berufsarbeit zum Opfer, welche überdies noch, weil die technischen Hilfsmittel recht unvollkommen waren, größere Anforderungen an die Muskelkraft stellte als heutzutage und die Menschen auch deshalb schneller abnutzte. Dazu kam, daß nach den Bestimmungen der Zunftstatuten diejenigen Handwerker, die keinen eigenen Nahrungsstand hatten, also namentlich die zahlreichen Gesellen, auch nicht heiraten durften — diese Bestimmung ist freilich oft genug übertreten worden — und daß sehr viele Männer dem geistlichen Stande angehörten, also ebenfalls ehelos blieben. Was wurde nun aus den Frauen, die keine Versorgung in der Ehe fanden? Sie wandten sich zunächst — von den Dienstboten sehen wir ganz ab — massenhaft dem Handwerk zu, teils als Lohnarbeiterinnen, teils als selbständige Unternehmerinnen. Besonders zahlreich widmeten sie sich dem Textil- und Schneidergewerbe, das ja den Frauen nach ihrer natürlichen Befähigung am meisten zusagen mußte. Sie fanden da Beschäftigung beim Kämmen, Spinnen, Spulen, in der Woll- und Leinenweberei, beim Schnur- und Bortenwirken, Schleier- und Mäntelmachen, Stricken, Nähen, Waschen usw. Sodann begegnen sie uns in der Flecht- und Lichterindustrie: sie machten Matten, Körbe, Besen, Kerzen u. dgl. Ferner sehen wir sie an vielen Orten tätig in der Bäckerei, Kürschnerei, Gürtlerei, als Riemenschneider, Paternostermacher, Lohgerber, endlich als Goldspinner und Goldschläger. Es gab sogar, allerdings selten, ganze Zünfte, denen ausschließlich Frauen angehörten, z. B. in Köln eine Zunft der Goldspinnerinnen und eine Zunft der Garnmacherinnen. Sehr viele

Frauen suchten im Kleinhandel ihren Unterhalt zu gewinnen, also im Handel mit Salz, Senf, Essig, Eiern, Hühnern, Obst, Käse, Trödlerwaren usw. Wieder andere schlugen in den Wirtshäusern die Laute, erheiterten die Gäste als Schellenträgerinnen oder fanden in den Bade- und Rasierstuben Verwendung. Ja, schon im 14. Jahrhundert treffen wir in Frankfurt eine „Liese, die die Kinder lehret", also eine Lehrerin oder Kindergärtnerin, und im 15. Jahrhundert gab es ebendaselbst schon 15 weibliche Ärzte. Aber das alles reichte nicht aus, um sämtliche unverehelichte Frauen zu beschäftigen und zu versorgen. Eine große Menge ging außerdem ins Kloster, wo sie ein beschauliches Leben führen konnten, aber auch Gelegenheit fanden zu geistiger Ausbildung und stiller Tätigkeit im Dienste der Erziehung oder in der Anfertigung weiblicher Handarbeiten; besonders waren die Stickschulen der Klosterfrauen berühmt. Manche Frauen, die Vermögen hatten, kauften sich eine städtische Leibrente, von der sie bis ans Ende ihrer Tage zu leben vermochten. Nicht selten taten sich auch mehrere von ihnen zusammen und führten der Ersparnis halber einen gemeinsamen Haushalt. Auch bildeten sich wohl fest organisierte freie Vereine von vermögenden alleinstehenden Frauen, so in Straßburg die sog. Sammlungen, die bis zur Zeit der Reformation bestanden haben. Arme Frauen gingen in eine der zahlreichen Beginenanstalten oder Gotteshäuser, welche zwischen den Jahren 1250 und 1350 überall in den deutschen Städten gestiftet wurden. In Frankfurt kennen wir ihrer 57, in Straßburg 60, in Breslau 61 und in Basel gegen 40. Die Zahl der Insassen schwankt zwischen 2 und 26; die Gesamtzahl der Beginen betrug in Frankfurt am Ende des 14. Jahrhunderts über 200 (etwa 6 % aller Frauen), in Straßburg mehr als 600; noch mehr gab es in den Städten am Niederrhein. Diese Beginen erhielten gewöhnlich freie Wohnung, Licht und Holz, zuweilen auch einen Teil der notwendigen Nahrung. Den Rest mußten sie sich durch eigene Arbeit dazu verdienen, durch Stricken, Nähen, Spinnen, Weben und namentlich durch Krankenpflege und Besorgung der Toten (die beiden letzteren Aufgaben lagen ihnen z. B. in München ausschließlich ob). Sie sind also in dieser Hinsicht unseren Diakonissen und barmherzigen Schwestern zu vergleichen. Das Gelübde der Keuschheit brauchten sie nicht abzulegen, sondern konnten jederzeit austreten und sich verheiraten. Übrigens ist das Beginenwesen gegen Ende des Mittelalters arg entartet und daher durch die Reformation ganz beseitigt worden. Von den Tausenden von liederlichen Weibern, die als sog. fahrende Frauen durch die Welt schweiften, ist schon in anderem Zusammenhang die Rede gewesen (s. o. S. 96). Hier sei nur noch angefügt, daß sie namentlich auch den Söldnerheeren in großen Scharen nachzuziehen pflegten. So viel über die Frauenfrage des Mittelalters.

Über die Hochzeitsfeiern gab es schon seit dem 14. Jahrhundert ebenso ausführliche Ratsverordnungen wie über die Taufen, aber alle Wiederholungen dieser Vorschriften und alle Geldstrafen, mit denen ihre Übertretung gebüßt wurde, haben den steigenden Luxus augenscheinlich nicht hintanhalten können. Wer eben die nötigen Mittel hatte, bezahlte die Strafe und beging im übrigen die Feste ganz, wie es ihm beliebte. So hören wir denn auch von Hochzeiten, auf denen sich eine geradezu unsinnige Verschwendung breit machte. Ein Beispiel möge genügen. Im Jahre 1493 heiratete die Tochter des Augsburger Bäckers Veit Gundlinger den Zinkenbläser Baruch. Die Braut trug bei der Trauung ein Kleid, das aus farbigen Stoffen und blauer Seide gemacht und dessen Nähte allenthalben mit goldenen Spangen besetzt waren, dazu Armbänder mit Edelsteinen, Schuhe mit Silberblech und kostbare, mit goldenen Fäden gebundene Strümpfe. Das Hochzeitsessen wurde auf 60 Tafeln aufgetragen, die für je 12 Personen Platz boten. Die Gäste vertilgten während der acht Tage, die das Hochzeitsfest dauerte, u. a. 20 Ochsen, 30 Hirsche, gegen 100 fette Schweine, 900 Würste, über 1000 Gänse, 500 Stück anderes Federvieh, endlich 15 000 Hechte, Barben, Forellen, Aalraupen und Krebse. Die Mitgift der Braut betrug 3000 Goldstücke d. h. etwa 150 000 Mark.

Die Ehen waren in jener Zeit wohl nicht glücklicher und nicht unglücklicher als heutzutage. Ganz wie jetzt klagten die Hausfrauen schon damals viel über ihre Dienstboten, namentlich deren Untreue, und oft kam es zwischen Herrin und Magd zu argem Streit. Dabei ließ sich allerdings wohl selten eine Frau von ihrem Zorn so weit fortreißen wie einst die Frau des Nürnberger Rotschmieds Beheim. Sie wollte ihrer Magd, mit der sie in Zank geraten war, die Nase abschneiden, und wenn ihr auch dieses Vorhaben nicht gelang, so versetzte sie ihr doch wenigstens mehrere Stiche in Hals, Brust und Seite und verwundete außerdem noch einige Leute, die auf das Geschrei hin herbeiliefen und sich ins Mittel zu legen versuchten. Zur Strafe sperrte man sie anderthalb Tage ins Gefängnis.

Das tägliche Leben der Bürger verlief bis zum Beginn des 15. Jahrhunderts ziemlich einförmig. Außerhalb des Hauses dienten zwar die zahlreichen Genossenschaften geistlichen und weltlichen Charakters neben ihren eigentlichen Zielen auch geselligen Zwecken, aber diese Geselligkeit hatte einen steif-konventionellen, pedantischen Anstrich; sie fesselte den Einzelnen gar zu sehr an bestimmte, strenge Formen und ermangelte fast allen idealen Gehalts. Selbst die oberen Schichten des Bürgertums legten in ihrem Auftreten und Benehmen noch eine gewisse jugendliche Roheit an den Tag. Auch sie suchten in erster Linie grobe materielle Genüsse, indem sie z. B. große Schmausereien abhielten und einen geschmacklosen Kleiderluxus*) trieben. Erst im Laufe des 15. Jahrhunderts trat darin, dank der Erfindung des Buchdrucks und der Verbreitung des Humanismus, ein merklicher Wandel ein, bis dann gegen Ende desselben eine ganz neue, freiere nnd zugleich edlere Art geselligen Verkehrs entstanden war, die auf den vielseitigsten geistigen Interessen fußte und zuerst den Begriff des „Gebildeten“ entwickelte. Freilich in den mittleren und niederen Kreisen der städtischen Bevölkerung ging es auch da noch derb genug her. Das bezeugt schon die kräftige, wenig gewählte Ausdrucksweise jener Zeit und ihre Freude an Anekdoten, Späßen und Aufführungen oft höchst bedenklicher Art. Die Genossenschaften hatten fast sämtlich ihre eigenen Versammlungsräume, die man zumeist Trinkstuben nannte; dort fanden sich ihre Mitglieder — und wohl jeder Bürger gehörte wenigstens einer Genossenschaft an — regelmäßig zu geselliger Erholung zusammen. Daneben gab es jedoch auch überall öffentliche Schenken, in denen verkehren konnte, wer da wollte. In Süddeutschland war

*) Gegen den Luxus in Kleidung und Schmuck, Essen und Trinken richteten sich zahllose Verordnungen der städtischen Obrigkeit, einmal, um den übermäßigen Aufwand überhaupt einzudämmen, und sodann, um der Verwischung der Grenzen zwischen den verschiedenen sozialen Schichten entgegenzutreten. Offenbar waren alle Klassen der Bevölkerung im Streben nach möglichst prunkvoller Gestaltung des äußeren Lebens gar zu sehr dazu geneigt, über die vorhandenen Mittel hinauszugehen.

der Wein das gewöhnliche Getränk, in Norddeutschland das Bier. Berühmt waren schon, neben den altanerkannten Sorten (s. S. 36), das Bier von Lübeck, Görlitz und Einbeck und der Wein von dem Rhein und der Nahe; in Braunschweig braute man bereits die Mumme, in Goslar die Gose und in Hamburg ein gutes Weizenbier. Auch vom Branntwein ist gegen Ende des 15. Jahrhunderts die Rede. Die Sittenprediger eiferten viel gegen das unmäßige Trinken und insbesondere gegen die Sitte des Zutrinkens, das in manchen Städten, wie Bern und Nürnberg, ausdrücklich untersagt wurde. Es scheint auch in der Tat, als habe man dem Laster der Trunksucht niemals in solchem Grade gefrönt wie damals und im ersten Jahrhundert der Neuzeit. Es war über ganz Deutschland verbreitet und fiel den fremden Reisenden ganz besonders auf. Aber ärger als die Bürger trieben es doch die Edelleute, die z. B. auf dem Reichstag zu Worms (1495) darin Unglaubliches leisteten, und die Landsknechte. Alle noch so strengen Gesetze der Fürsten und Städte vermochten dem Übel nicht zu steuern, auch nicht die eifrige Tätigkeit von Mäßigkeitsvereinen, die schon zu jener Zeit gegründet wurden. Erst die durch den dreißigjährigen Krieg herbeigeführte große Verarmung des deutschen Volkes hat jenes Laster einigermaßen eingedämmt. Nächst dem allzustarken Trinken wird sehr oft das schreckliche Fluchen und Schwören getadelt, ja die Obrigkeit setzte sogar mitunter schwere Strafen darauf. Um so erstaunlicher ist die große Nachsicht, die man sogar seitens des Rates gegenüber dem Spielen an den Tag legte. Man verbot zwar offiziell das Spiel, ließ aber nichtsdestoweniger öffentliche Spielbänke, falls sie sich nur durch Zahlung einer gewissen Summe von diesen Verboten loskauften, unbedenklich gewähren, ja man konzessionierte sogar notorische Falschspieler auf Zeit oder auf Lebensdauer gegen gewisse Abgaben, die sie an die Stadtkasse zu entrichten hatten. In Mainz gab es schon im Jahre 1425 ein öffentliches Spielhaus, das den Namen „Zum heißen Stein" führte und der Stadt eine jährliche Pacht von 300 Goldgulden eintrug. Älter noch war eine Spielbank gleichen Namens in Frankfurt a. M.; sie wurde anfangs verpachtet, später von der Stadt selbst betrieben und warf namentlich zur Zeit der Messe der Stadtkasse großen Nutzen ab. Noch laxer als mit dem Spiel nahm man es mit der Sittenpolizei. Gar nicht selten baute die Stadt selbst Frauenhäuser, und gegen das oft sittenlose Treiben der Ballhäuser und Badstuben hatte sie auch nichts einzuwenden. Den ledigen Männern sah man eben damals, wo das Sittlichkeits- und Schicklichkeitsgefühl überhaupt noch wenig geklärt und verfeinert war, vieles nach, was ihnen spätere Zeiten mitunter als schwere Sünde anrechneten, z. B. Liebschaften mit Ehefrauen, und wie weit man die freie Liebe trieb, beweist die häufige Erwähnung unehelicher Kinder in bürgerlichen Familien und die Tatsache, daß selbst hohe Geistliche oft zahlreiche Kinder hinterließen.

Auch abgesehen von dem Besuch der Trinkstuben und der Wirtshäuser gab es in den deutschen Städten des 15. Jahrhunderts noch eine Menge Gelegenheiten zur Übung froher Geselligkeit, im Hause sowohl als in der Öffentlichkeit. Vor allem beging man weit mehr kirchliche Feste als heute, denn man feierte nicht nur die großen Feste, wie Weihnachten, Ostern, Pfingsten und Fronleichnam, sondern außerdem noch eine ganze Reihe von Tagen, die einzelnen Heiligen geweiht waren. Dabei übte man vielerlei Bräuche, die bis tief in die heidnisch-germanische Vorzeit zurückgingen; in kleineren Städten und auf dem Lande haben sich Reste davon bis heute noch erhalten, auch in rein protestantischen Landschaften. Der Chronist Sebastian Franck, der uns eine Beschreibung dieser Feste hinterlassen hat, berichtet z. B. über den Johannistag, den 24. Juni, folgendes: „Da macht man St. Johannes dem Täufer in allen Gassen Freudenfeuer, singt und tanzt darum, wie die Juden um das goldene Kalb, und springt darüber hinweg; dazu sammeln die Buben den Tag zuvor Holz mit Singen und Stehlen. An etlichen Enden setzt man Fässer über einander. Dies spielt man auch in Dörfern, und an diesem Tag trinkt schier jedermann Met nach dem Landesbrauch." Von Martini, dem 11. November, heißt es: „Da ißt ein jeder Hausvater mit seinem Hausgesinde eine Gans; hat er Vermögen, dann kauft er ihnen Wein und Met, und sie loben St. Martin, essen, trinken, singen usw., wie auch an etlichen Orten, da man die Lichtgans ißt, ein jeder Hausvater mit seinem Gesinde," und von dem Nikolaustag, dem 6. Dezember, erzählt er: „Dem fasten die jungen Knaben, daß er ihnen etwas beschere und unterlege. So sie nun entschlafen sind, legen ihnen Vater und Mutter unter oder in die Schuh' Geld, Äpfel, Birnen usw., daß sie es, wenn sie's am Morgen finden, mit Freuden als von St. Nikolaus beschert annehmen." Lauter noch und fröhlicher als die Tage der Heiligen beging man die Kirchweih und die Fastnacht. Über die erstere bemerkt Sebastian Franck kurz und bündig: „Danach kommt die heilige Kirchweih, daran ein großes Fressen ist unter den Laien und Pfaffen, die einander weither dazu laden", und wie es zur Zeit der Fastnacht herging, davon geben uns die Nachklänge dieser Feier, wie sie sich etwa in Mainz oder Köln noch erhalten haben, eine ziemlich deutliche Vorstellung. Man veranstaltete dann große Umzüge durch die Hauptstraßen der Stadt mit und ohne Maskeraden, man führte in Kirchen, auf öffentlichen Plätzen oder in Häusern derblustige Komödien auf, man vergnügte sich in der ausgelassensten Weise bei Speise, Trank und Tanz und gab sich überhaupt tagelang der ungebundensten Fröhlichkeit hin. In ähnlicher Weise, nur nicht ganz so lärmend, wurde in manchen Städten um die Pfingstzeit das sog. Maifest begangen; in Lübeck hielten dabei die Geschlechter ein Preisschießen nach einem Papageienbaum ab. Nehmen wir dazu noch die zahlreichen Schützenfeste, die außergewöhnlichen Veranstaltungen beim Einzug eines Kaisers oder Landesfürsten oder aus Anlaß eines Reichstages, die großen zumeist in den Städten gefeierten Turniere des Adels, sowie die allerdings bescheideneren Genüsse, die den Bürgern dann und wann durch Schaustellung von merkwürdigen Tieren, wie Elefanten Kamelen, Straußen, Affen u. dgl., und durch das Auftreten von Schnellläufern, Seiltänzern, Fechtern usw. geboten wurden, so ergibt sich immerhin eine ganz stattliche Zahl von Gelegenheiten, die eine angenehme Abwechslung in das Alltagsleben brachten. Viele wohlhabende Bürger besaßen auch schöne Gärten vor den Toren ihrer Stadt und fanden ein Vergnügen daran, in ihnen einen großen Teil des Sommers mit ihren Angehörigen zu verbringen. Sie luden auch wohl ihre Freunde zur geselligen Unterhaltung dahin ein und statteten aus diesem Grunde ihre Gärten mit sauberen Häuschen, Scheibenständen, Springbrunnen, Badeeinrichtungen u. dgl. aus. Sonst pflegten sich die Bürger, wie es scheint, nicht viel Bewegung im Freien zu machen; doch beschäftigten sie sich gern mit dem Vogelfang — die übrige Jagd überließen sie dem Adel — und unternahmen bei schönem Wetter des Sonntags oft Spaziergänge nach nahegelegenen

Dörfern, falls es dort ein gutes Wirtshaus gab. Auch Vergnügungsreisen machte man schon, doch gehörten großer Mut und starke Nerven dazu, denn die Straßen waren den größten Teil des Jahres über in sehr schlechtem Zustand und wurden überdies noch von entlassenen Söldnern, Räubern und Dieben oft höchst unsicher gemacht. War man nicht gut zu Fuß und daher genötigt, einen Wagen zu benutzen, dann spürte man jede Unebenheit des Bodens und wurde oft erbärmlich gerüttelt und geschüttelt, weil der obere Teil des Wagens nicht auf Federn ruhte, ja nicht einmal die Sitze immer in Riemen hingen. Wenn dann der Reisende nach einer solchen Fahrt oder nach einem anstrengenden Marsch oder Ritt des Abends in einem Gasthof einkehrte, dann fand er in der Regel einen groben Wirt, ein unsauberes Bett und schlechte Bedienung. Das Essen jedoch war reichlich, nur brachte man es in allzu primitivem Geschirr auf den Tisch, und der Zwang, es mit sämtlichen Mitgästen in einem einzigen, schlecht gelüfteten Raume einnehmen zu müssen, machte es nicht gerade schmackhafter. Nur in größeren Städten und in Badeorten, namentlich Luxusbädern, wie Baden in der Schweiz, war man sicher, gute Unterkunft zu finden. Gegen Ende des 15. Jahrhunderts kamen schon die kostspieligen Badereisen in Mode; aber anspruchslose Leute begnügten sich mit den heimischen Badestuben, die nicht nur Wannen- und Dampfbäder boten, sondern auch Gelegenheit gaben, sich die Adern schlagen, sich schröpfen, scheren und barbieren zu lassen; ja man konnte darin sogar zu essen und zu trinken bekommen und pflegte beides auch in ausgiebigstem Maße zu tun. Die Badestuben dienten eben neben ihrem eigentlichen Zwecke auch zugleich der Unterhaltung und dem Vergnügen. Offenbar waren in jener Zeit die warmen Bäder weit mehr begehrt als heutigen Tages. Bis zum Schluß des Mittelalters spielten die öffentlichen Badestuben, die zum großen Teile im Eigentum der Stadt standen und durchweg von ihr beaufsichtigt wurden, im Leben der deutschen Bürger eine große Rolle. Sie wurden auch von den unteren Klassen der Bevölkerung stark besucht — die Handwerksgesellen pflegten am Montag baden zu gehen — und waren oft in großer Zahl vorhanden: in Ulm z. B. werden ihrer am Ende des Mittelalters 11 erwähnt, in Nürnberg 12, in Frankfurt a. M. 15; in Breslau gab es wenigstens 12 und in Wien 29. Daneben hatten noch sehr viele Häuser private Badestuben aufzuweisen. Als aber im Beginn der Neuzeit die Lustseuche in Deutschland auftrat, da war es mit den öffentlichen Badestuben vorbei, man fürchtete die Ansteckung, und so verödeten sie und gingen allmählich ein.

Die Aussicht, ein hohes Alter zu erreichen, war für die Menschen im Mittelalter weit geringer als für die der Gegenwart. Sehr viele wurden vor der Zeit die Opfer der zahllosen, immer wieder ausbrechenden Epidemien, besonders der Pest, oder sie starben eines frühen Todes, weil sich überhaupt damals noch die Kunst der Ärzte schwereren Krankheiten gegenüber wenig hilfreich erwies. Anderen wurde das Leben durch die großen Mühen und Plagen verkürzt, mit denen sie ständig zu ringen hatten, oder durch den Mangel an ausreichendem Schutz gegen äußere Schädigungen aller Art. Noch im 16. Jahrhundert galten 50 Jahre als das höchste Alter, das die Menschen im allgemeinen erreichen konnten. Auf der andern Seite dachte jedoch auch niemand daran, etwa durch Selbstmord seinem Dasein gewaltsam ein Ziel zu setzen. Wenn das letzte Stündlein des Bürgers geschlagen hatte und er nach dem Genuß der kirchlichen Gnadenmittel verschieden war, dann begrub man seine Leiche auf dem Friedhof, oder wenn er reich und vornehm gewesen, in der Kirche. Im ersteren Falle widmeten ihm die Hinterbliebenen, falls sie es irgend vermochten, wenigstens eine Gedenktafel in der Kirche, ein sog. Epitaphium, und setzten ihm auf seiner Grabstätte oder an der äußeren Kirchenmauer einen Grabstein. Die eigentümliche Sitte des Leichenschmauses, die sehr alt sein muß und die von weltlicher wie geistlicher Seite oft verdammt wurde, z. B. durch ein Statut des Wormser Rates vom Jahre 1220 und einen Beschluß des Trierer Provinzialkonzils vom Jahr 1310, erhielt sich dessen ungeachtet das ganze Mittelalter hindurch. Der Rat von Nürnberg ging noch kurz vor dem Jahre 1500 energisch dagegen vor, aber jedenfalls vergeblich; derselbe Rat beschränkte auch die Zahl der gedungenen Klageweiber auf zwei und untersagte den übermäßigen Luxus bei der Leichenfeier und der Herstellung von Totentafeln.

8. Schluß.

Welche Bedeutung der „guten alten" Zeit des ausgehenden Mittelalters für die Entwicklung der deutschen Kultur beizumessen ist, ergibt sich aus dem Vorstehenden von selbst. Gut war diese alte Zeit in gar mancher Beziehung. Sie hat sich in ihrer Art und mit ihren Mitteln bemüht, das menschliche Dasein schöner und vollkommener zu gestalten, als es bis dahin gewesen, und ihr Mühen ist nicht ohne Lohn geblieben. Weniger auf geistigem Gebiet, desto mehr aber auf materiellem sind damals besonders von den Bewohnern der deutschen Städte reiche, ja zum Teil großartige Erfolge erzielt worden, Erfolge, deren Tragweite sich noch bis in unsere Gegenwart erstreckt und noch weit in die Zukunft hinein reichen wird. Nun ist es ja der schönste Gewinn jedes Studiums der Geschichte, daß es uns zu einem gerechten Urteil über das Einst in seinem Verhältnis zum Jetzt verhilft, uns Klarheit darüber gibt, wie wir doch in so vielen Stücken nur das weiter ausbauen, was unsere Vorfahren früher begonnen haben, und uns zum Bewußtsein bringt, daß es nicht erst seit gestern oder heute, sondern zu allen Zeiten suchende und strebende, schaffende und wagende Menschenkinder gegeben, deren Leistungen wir mit dem Maßstabe ihrer eigenen Zeit messen und nicht etwa vom Standpunkt der Gegenwart aus hochmütig absprechend beurteilen müssen. So sollte man auch die von manchen Seiten so viel geschmähte, so tief verachtete Zeit des „finsteren Mittelalters" mit freundlicheren Augen ansehen, als es in der Regel zu geschehen pflegt, und ihr mehr Gerechtigkeit widerfahren lassen. Denn die Erkenntnis ist nicht abzuweisen, daß diese Epoche unserer Geschichte trotz aller Schattenseiten, die ihr ja gewiß anhaften und die auch in unserer Darstellung oft genug betont worden sind, dennoch, im ganzen genommen, eine Zeit frischer, erfolgreicher Arbeit und eine Zeit kräftigen, gesunden Fortschritts gewesen ist. Insbesondere die deutschen Bürger haben allen Grund, mit freudigem Stolz auf sie zurückzublicken.

Sachregister.

Stadtpläne nach Fritz „Deutsche Stadtanlagen".

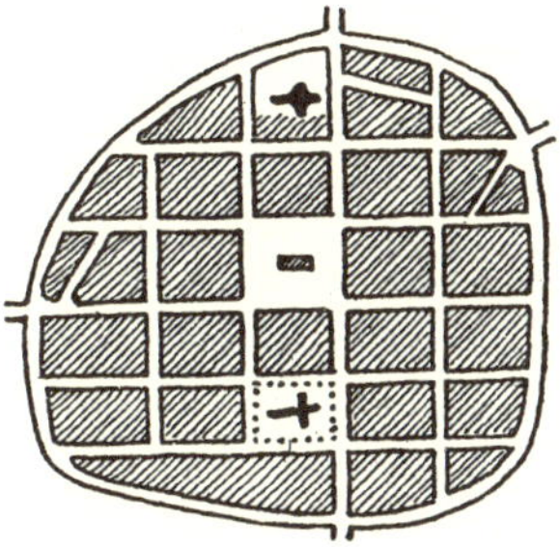

Neubrandenburg in Mecklb.-Strel.

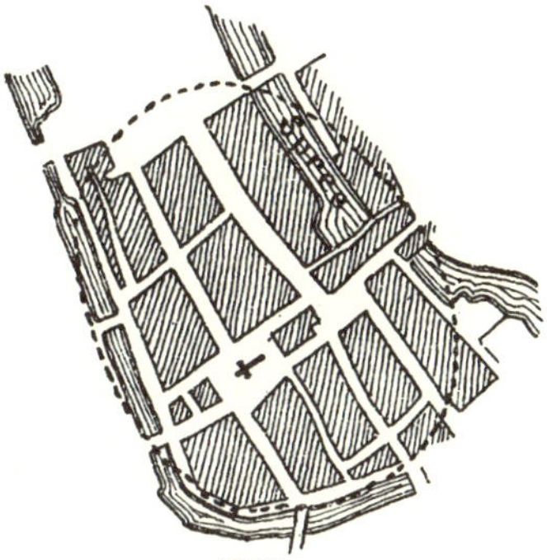

Cölln.

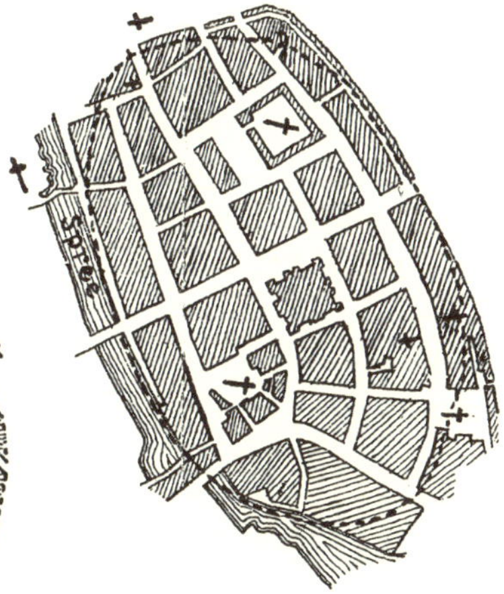

Berlin.

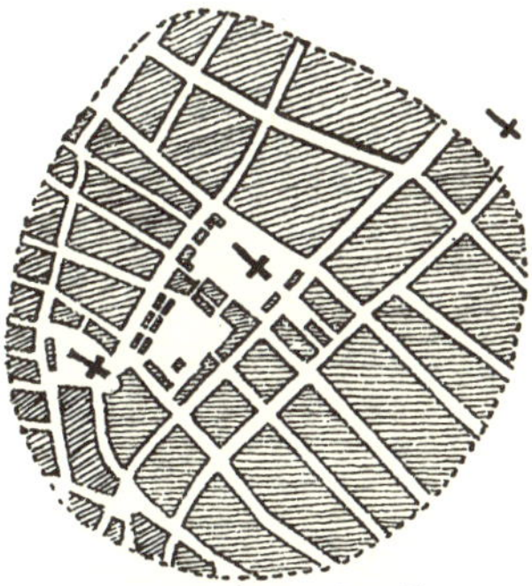

Lübeck (Mittelstück.)

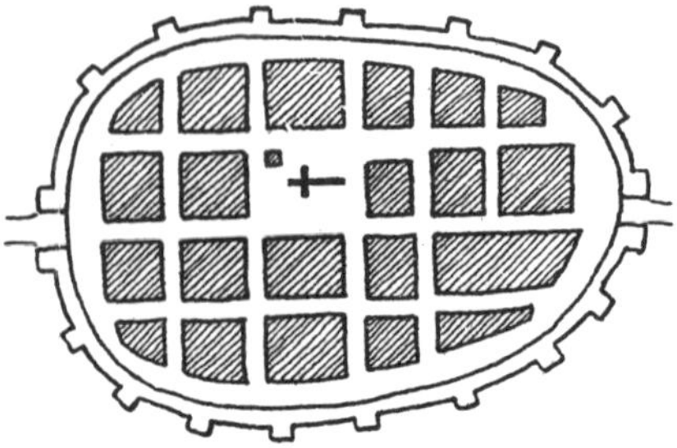

Demmin in Pommern.

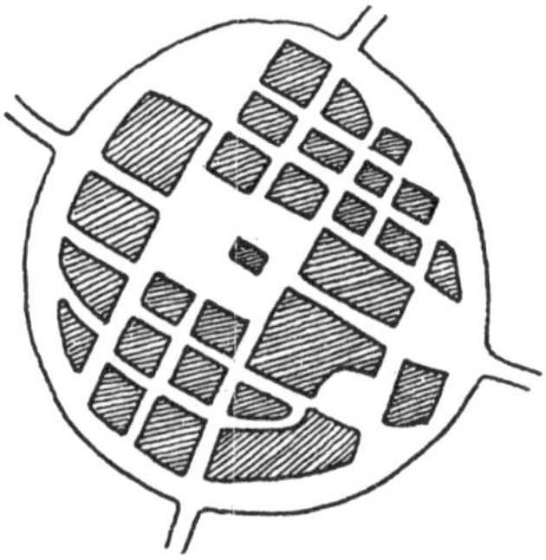

Reichenbach in Schlesien.

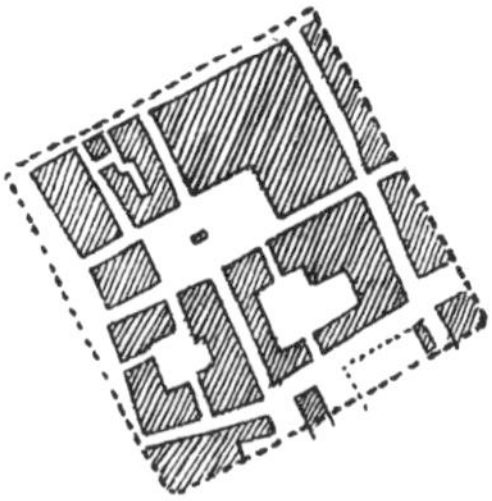

Verona.

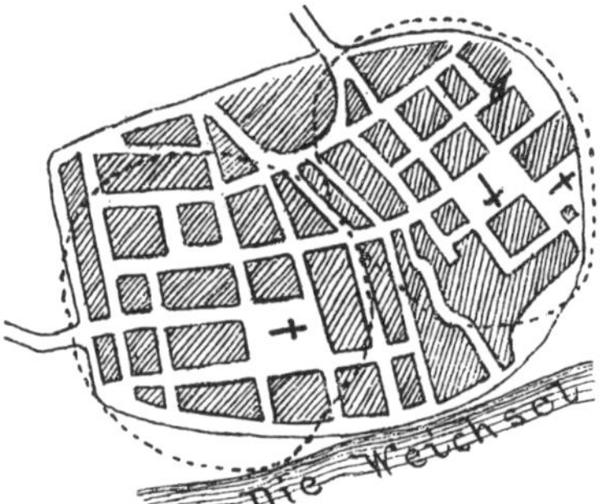

Thorn.

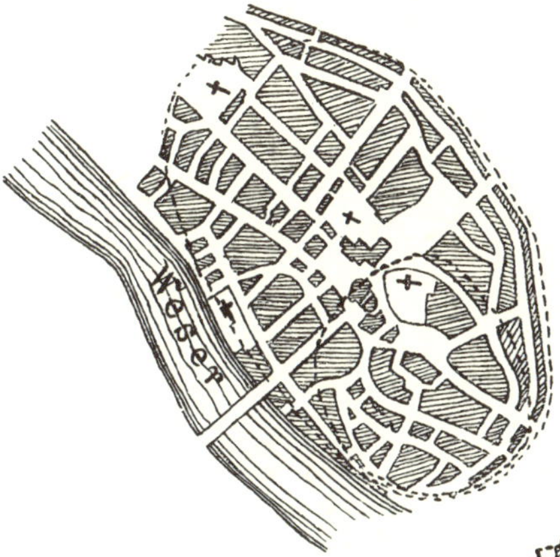

Bremen.

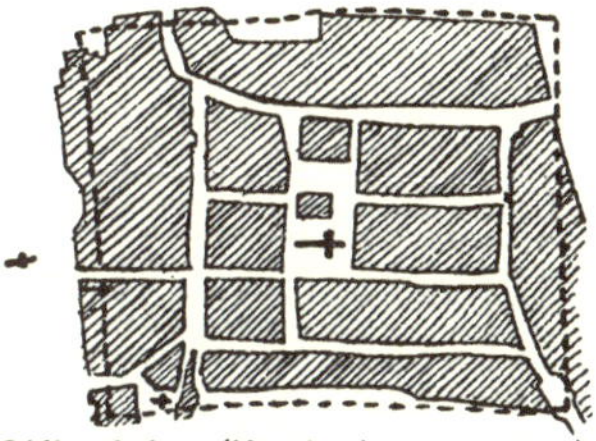

Hildesheim (Neustadt ca. 1230).

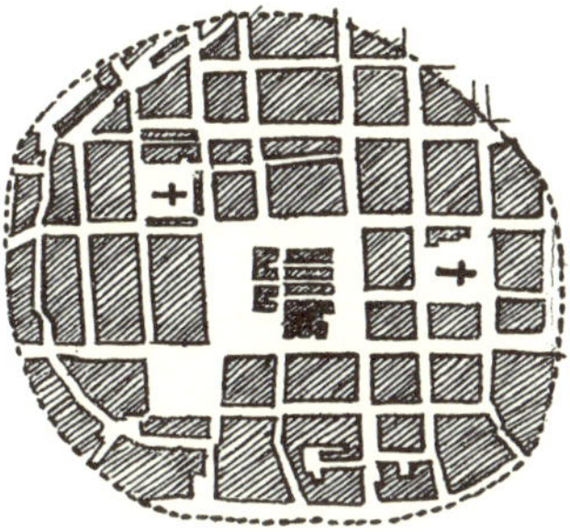

Breslau.

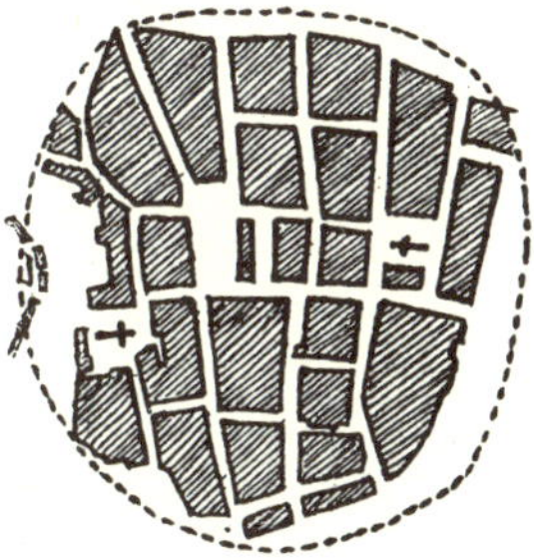

Leipzig.

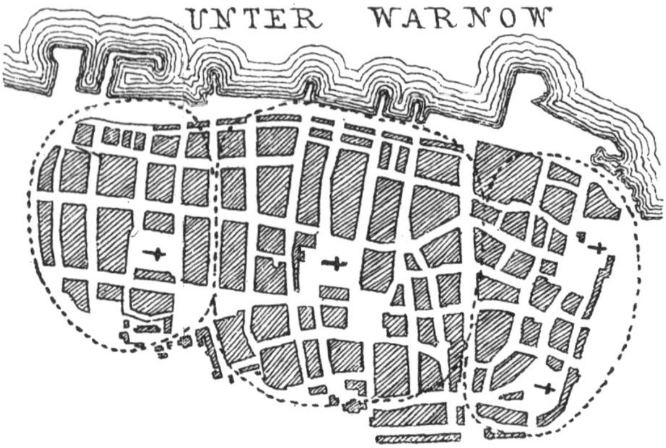

Roſtock.

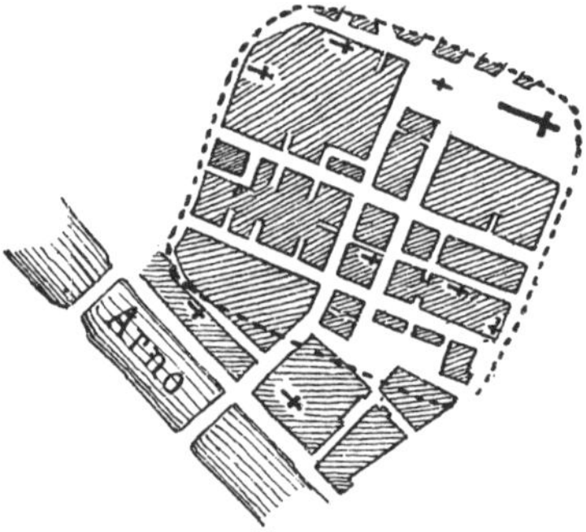

Florenz.